H. Döring

Friedrich von Schillers Biografie

www.elv-verlag.de

Döring, H.

Friedrich von Schillers Biografie

ISBN: 978-3-86267-357-5

Auflage: 1
Erscheinungsjahr: 2011
Erscheinungsort: Bremen, Deutschland

Europäischer Literaturverlag GmbH, Fahrenheitstr. 1, 28359 Bremen (www.elv-verlag.de).

Bei diesem Titel handelt es sich um den Nachdruck eines historischen, lange vergriffenen Buches. Da elektronische Druckvorlagen für diesen Titel nicht existieren, musste auf alte Vorlagen zurückgegriffen werden. Hieraus zwangsläufig resultierende Qualitätsverluste bitten wir zu entschuldigen.

Friedrich von Schillers Biografie

www.elv-verlag.de

SCHILLER'S LEBEN.

Friedrich Schiller, mit seinen vollständigen Vornamen Johann Christoph Friedrich, später in den Adelstand erhoben, erblickte zu Marbach den 11. November 1759 das Licht der Welt, unter Verhältnissen, die der Entwicklung vorhandener Fähigkeiten und Geistesanlagen nicht besonders günstig, für die Gesundheit des Leibes und der Seele aber von günstigem Einfluß waren. Seinen Vater, *Johann Caspar*, geboren am 27. Oktober 1723 zu Bitterfeld, gestorben am 7. Sept. 1796 auf dem Herzogl. Würtembergischen Lustschlosse Solitude bei Stuttgart, schildern übereinstimmende Berichte als einen Biedermann von unbescholtenem Wandel und strenger Redlichkeit, weniger ausgezeichnet durch eine vielseitige Bildung, als durch eine große Gewandtheit im praktischen Leben. Als Wundarzt hatte er 1745 ein Bairisches Husarenregiment nach den Niederlanden begleitet, und war nach dem Aachner Frieden (1748) wieder nach Würtemberg zurückgekehrt, wo er als Fähndrich und Adjutant bei dem Regiment Prinz Louis angestellt, einigen Feldzügen des siebenjährigen Krieges beiwohnte. Durch Mäßigkeit blieb er verschont von den ansteckenden Seuchen, die in Böhmen das Regiment, bei dem er stand, hart heimsuchten. Neben der sorgsamen Pflege der Kranken vertrat der rastlos thätige Mann die Stelle eines Feldpredigers durch Vorlesen von Gebeten und durch Leitung des Gesanges. Später stand er bei einem andern Regiment in Hessen und Thüringen. In Ludwigsburg, wo er nach dem Hubertsburger Frieden im Quartier lag, gründete er, mit vorherrschendem Interesse an der Oekonomie, eine Baumschule, nach den Prinzipien, die er in spätern Jahren

(1795) in einem von ihm herausgegebenen Werke: "die Baumzucht im Großen," bekannt machte. Der Herzog Carl von Würtemberg fand sich dadurch veranlaßt, ihm mit dem Charakter eines Hauptmanns, die Aufsicht über die Anpflanzungen und Gartenanlagen auf einem seiner Lustschlösser, der Solitude bei Stuttgart, zu übertragen, wo er, von seinem Fürsten geachtet und geliebt von seinen Untergebenen, in rastloser Thätigkeit sein Leben beschloß. In einem noch erhaltnem Briefe dankte er mit frommer Rührung dem Ewigen, daß er ihm noch gegönnt, seines Sohnes Ruhm zu erleben.

Schiller's Mutter, *Elisabeth Dorothea Kodweiß*, die Tochter eines früher wohlhabenden, späterhin durch eine Überschwemmung des Neckars und andere Unglücksfälle verarmten Bürgers zu Marbach, war eine sanfte, anspruchslose und gutmüthige Hausfrau, ohne vielseitige Bildung, doch eine Freundin der religiösen Poesie, besonders der Gellert'schen Lieder. Von Gestalt war sie schlank, ohne eigentlich groß zu seyn, ihr Haar hochblond, beinahe röthlich, die Augen kränklich und meist etwas entzündet. Aus ihren durch Sonnenflecken etwas entstellten Zügen sprach Wohlwollen und Milde. Dem klaren und scharfen Verstande ihres Gatten gegenüber trat die innige Wärme des Gefühls, mit der sie an ihm und ihren Kindern hing, um so unverkennbarer hervor. Sie ward von ihnen tief betrauert, als sie im Mai 1802 ihre irdische Laufbahn beschloß.

Nur seiner guten Natur und der sorgsamen Pflege seiner Mutter hatte es Schiller zu verdanken, daß er bei seiner zarten Körperconstitution nicht den krampfhaften Zufällen unterlag, die ihn bei den gewöhnlichen Kinderkrankheiten hart heimsuchten.

Seine Geistesanlagen entwickelten sich früh in einer regen Wißbegierde, die seine Eltern mit den mannichfachsten Fragen bestürmte. Die Bibel war seit seinem fünften Jahre seine Lieblingslectüre, und mit gespannter Aufmerksamkeit horchte er, wenn der Vater, wie es seine Gewohnheit war, das Morgen- und Abendgebet im Familienkreise laut sprach. Bis zu Thränen ward er gerührt, als einst auf einem Spaziergange seine Mutter ihm das Osterfeiertags-Evangelium erklärte und ihm erzählte, wie Jesus mit zweien seiner Jünger nach Emmaus gewandert sei. Mit der Liebe für alles Große und Schöne verband er Gehorsam gegen seine Eltern und Verträglichkeit mit seinen Geschwistern und Gespielen. Zwei Jahre älter als er, war seine Schwester *Elisabeth Christophine Friedericke*, späterhin mit dem Bibliothekar *Reinwald* in Meiningen verheirathet. Eine zweite Schwester, *Dorothea Luise* ward nach ihm 1767 geboren und nachher die Gattin des Stadtpfarrers *Frankh* zu Möckmühl im Würtembergischen. Eine dritte Schwester, *Nanette* mit Namen, starb bereits in ihrem achtzehnten Lebensjahre.

Von Schwäbisch Gmünd, wohin er von dem Herzog von Würtemberg als Werbeofficier gesandt worden war, begab sich Schillers Vater 1765 nach Lorch, einem Würtembergischen Grenzdorfe. Zu dem Unterricht, den der sechsjährige Knabe dort im Lesen und Schreiben erhielt, traten späterhin auch die Elemente der lateinischen und griechischen Sprache. Den Namen seines ersten Lehrers, des Pfarrers Moser in Lorch, verewigte Schiller später in seinen "Räubern". An dem Sohne jenes Geistlichen, Carl Moser, erhielt er zugleich seinen ersten Jugendfreund, der nachher zugleich mit ihm die lateinische Schule zu Ludwigsburg besuchte. Damals scheint die späterhin nicht ohne innern Kampf unterdrückte Neigung Schillers zum geistlichen Stande zuerst erwacht zu seyn. Nach der Erzählung seiner ältern Schwester stieg er mit einer schwarzen Schürze und einem Käppchen auf einen Stuhl, und recitirte auswendig gelernte Sprüche, mitunter auch wohl Stellen aus den von ihm angehörten Predigten des Pfarrers Moser.

Für die Schönheiten der Natur war Schiller ganz besonders empfänglich. Ein religiöses und historisches Interesse zugleich hatten für ihn die in einem Kloster bei Lorch befindlichen Gräber der Hohenstauffen. Der Weg nach jenem Kloster war sein Lieblingsspaziergang. Immer blieb ihm für die Gegend von Lorch eine große Anhänglichkeit. Als er späterhin die Karlsschule in Stuttgart verlassen, besuchte er, von seiner Schwester Christophine begleitet, noch einmal alle seine Lieblingsplätze. Seine Liebe zur Natur war so groß, daß er sich oft durch einen schönen Sommertag, unbekümmert um seine Unterrichtsstunden, in's Freie locken ließ. Einen solchen Fehltritt zu verheimlichen, war er zu gewissenhaft; er gestand ihn vielmehr offen. Am wenigsten harmonirte mit seines Vaters Ansichten Schillers ideale Liberalität, womit er, der vom Eigenthum kaum einen Begriff hatte, einzelne Kleidungsstücke und die unentbehrlichsten Schulbücher an Dürftige verschenkte. Die väterlichen Züchtigungen, die ihn deßhalb trafen, würde er noch härter empfunden haben, wenn nicht seine Schwester Christophine mit seltener Aufopferung sich als eine Mitschuldige bekannt, und dadurch die Strafe auf sich selbst gelenkt hätte. Auch die sanfte und zur Verzeihung geneigte Mutter trat durch ihre Fürsprache bei dem Vater in solchen Fällen vermittelnd ein.

In Ludwigsburg, wohin Schillers Vater 1768 versetzt worden war, sah der neunjährige Knabe zum ersten Mal ein Theater. Mächtig war der Eindruck, den die dargestellten Stücke mit ihren prachtvollen Dekorationen und Aufzügen von Pferden, künstlichen Elephanten, Löwen u.s.w., in dem Opern- und Balletgeschmack der damaligen Zeit, in Schillers Seele zurückließen. Alle seine jugendlichen Spiele bezogen sich auf die Bühne und ihre Darstellungen. Er entwarf selbst Pläne zu Trauerspielen, und mit Puppen, die er sich aus Papier geschnitten, führte er einzelne Scenen auf.

Noch in anderer Weise äußerte sich sein Gefühl für Poesie um diese Zeit. Mit einem seiner Jugendfreunde, dem nachherigen Physikus Elwert in Cannstadt, bestand er, nicht ohne Furcht vor der ihm angedrohten harten Strafe seines strengen Lehrers, zu dessen voller Zufriedenheit das Schulexamen. Als Belohnung seines Fleißes erhielt er vier Kreuzer, die er mit seinem Freunde zu einer Schüssel saurer Milch auf dem benachbarten Hartenecker Schlößchen verwenden wollte. Dort war indeß keine Milch vorhanden, und erst in Neckarweihingen, wohin er mit seinem Freunde gewandert war, erhielten Beide die ersehnte Labung. Schiller fühlte sich so begeistert, daß er auf einer Anhöhe, von welcher man Harteneck und Neckarweihingen überschauen konnte, in einer pathetischen Ergießung über den erstgenannten Ort seinen Fluch, über den letzten aber seinen feierlichen Segen aussprach.

In der lateinischen Schule zu Ludwigsburg beschränkte sich Schillers Unterricht fast nur auf die Erlernung der Sprache, von welcher jene Lehranstalt den Namen führte. Im Griechischen kam er kaum über die ersten Elemente hinaus. Daß er dem Virgil, Horaz und andern römischen Dichtern keinen sonderlichen Geschmack abgewinnen konnte, lag wohl an der trocknen Erklärungsmethode, die Schillers Gemüth nicht ergreifen konnte. Sein Fleiß jedoch erwarb ihm bald das Lob eines der ersten Schüler in seiner Classe. Er genügte selbst den strengen Anforderungen seines Lehrers Jahn, der zwar ein tüchtiger Philolog, aber zugleich ein Mann von finsterem Charakter war, und durch seinen Jähzorn, als Schiller später bei ihm Kost und Wohnung hatte, seinem Charakter eine schiefe Richtung gab. Er ward schüchtern und zurückgezogen. Auch sein Vater ließ keine Gelegenheit unbenutzt, ihn zum Fleiß zu ermuntern, und er empfand im vollen Maße die väterliche Strenge, wenn er außer der Schulzeit unbeschäftigt war oder im Garten spielte. Merkwürdig war es, wie sich seine Schüchternheit mitunter bis zum Muthwillen steigerte. Bei Spielen, wo es wild herging, gab er fast immer den Ton an, und wußte sich durch seine Furchtlosigkeit bei seinen Schulkameraden in Respect zu setzen. Nie aber lag den kleinen Neckereien, mit denen er sich wohl bisweilen selbst an erwachsene Personen wagte, eine bösartige Absicht zum Grunde. Er hatte daher unter seinen Jugendgespielen kaum einen, der ihm übel wollte. Verhältnißmäßig klein war jedoch der Kreis von Freunden, zu denen er mit der ganzen Innigkeit seines Gefühls sich hingezogen fühlte.

Noch immer war ihm eine Vorliebe für den geistlichen Stand geblieben, den auch sein Vater sehr achtete, weil er sich von dieser Laufbahn seines Sohnes eine ehrenvolle Existenz versprach. Die mehrmaligen Prüfungen in dem Stuttgarter Gymnasium, die dem Eintritt in die Klosterschulen vorangingen, hatte Schiller, nach noch erhaltenen Zeugnissen, rühmlich bestanden. Die Stimmung seines Gemüths und der Gang seiner Phantasie waren religiös geblieben. Dafür sprach unter Anderem sein elfter poetischer Versuch, ein an seine Eltern gerichteter Neujahrswunsch in Versen vom Jahr 1768. Verloren ging ein Gedicht religiösen Inhalts, welches er am Tage seiner Confirmation, wahrscheinlich im Jahr 1770, niederschrieb, als seine Mutter, die ihn auf der Straße umherlaufen sah, ihm Vorwürfe machte über seine Gleichgültigkeit gegen die Handlung des folgenden Tages. Erhalten hat sich dagegen ein in lateinischer Prosa geschriebener Neujahrswunsch an seinen Vater vom Jahr 1771.

Seinen Plan, sich dem geistlichen Stande zu widmen, durchkreuzte der Wille des Herzogs von Würtemberg. Es war eine fürstliche Gnade, die Schillers Vater nicht ablehnen konnte, als der Herzog, vielleicht durch günstige Zeugnisse der Lehrer Schillers bestimmt, sich geneigt zeigte, ihn in das auf der Solitude bei Stuttgart errichtete Lehr- und Erziehungsinstitut aufzunehmen, welches bisher meist nur Söhne von Adlichen zu Zöglingen gehabt hatte. Für Schillers Vater war der Antrag des Herzogs auch noch von einer andern Seite lockend. Schiller sollte dort auf herzogliche Kosten unterrichtet werden. Die Wahl seines Lebensberufs blieb ihm freigestellt. Auch für eine künftige vorteilhafte Anstellung versprach der Herzog zu sorgen. Diese vortheilhaften Aussichten machten jedoch auf Schillers Eltern einen ganz andern Eindruck, als der Herzog erwartet haben mochte. Dem geistlichen Stande konnte sich Schiller nicht mehr widmen, da er in der neuen Pflanzschule, die eine völlig militärische Einrichtung hatte, nicht dazu vorbereitet werden konnte. Nicht beleidigt durch eine Vorstellung, die Schiller's Vater an den Herzog zu richten und dessen Antrag abzulehnen wagte, verlangte der Fürst die Wahl eines andern Standes. Der Theologie zu entsagen, scheint Schillern nicht leicht geworden zu seyn. Daß er durch die Nähe des Instituts mit seinen Eltern in Berührung blieb und sie jeden Sonntag wenigstens sprechen konnte, war ein Trost, der ihm den Entschluß erleichterte, sich der Jurisprudenz zu widmen. Im Januar 1773 trat er in das neue Institut. Er stand damals in seinem vierzehnten Lebensjahre.

Wie Schillers Vater die Gnade des Herzogs zu schätzen wußte, zeigt ein noch erhaltenes Schreiben aus Ludwigsburg vom 10. Januar 1773 an den Oberstwachtmeister v. Seeger, dem die Oberaufsicht über das neue Institut, nach dessen Stifter die Karlsschule genannt, übertragen worden war. Erhalten hat sich auch noch ein mit der Unterschrift von Schillers Vater und mit dessen Siegel versehener Revers, den er nach der Aufnahme seines Sohnes in die Karlsschule ausstellen mußte. Dieser Revers fällt in eine spätere Zeit. Er ist aus Ludwigsburg vom 23. September 1774 datirt.

Eine Schilderung der innern Einrichtung und der Erziehungsmethode des neuen Instituts, welchem Schiller jetzt angehörte, muß vorangeschickt werden, um dem Gange seiner weitern Ausbildung folgen zu können. Die gesammten Zöglinge, in zwei Classen abgetheilt, bewohnten ein großes, aus vier Flügeln bestehendes Casernengebäude. Die adliche Classe bestand meist aus adlichen Offizierssöhnen, die bürgerliche größtenteils aus Soldatenkindern. Jene hießen Cavaliere, diese Eleven. Als später die Zahl der Zöglinge bis auf dreihundert gestiegen war, wurden die beiden Classen halbjährlich von dem Herzog selbst in dem sogenannten Rangirsaal gemustert und in drei Abtheilungen getrennt, von denen die erste aus den funfzig größten Köpfen, und die beiden andern ebenfalls aus funfzig Köpfen bestanden. Jede dieser Abtheilungen hatte ihren besondern Schlafsaal, und stand anfangs unter der Aufsicht von Sergeanten, späterhin unter einem Capitain oder Lieutnant. Die Direction des Ganzen war einem Obristen, damals, als Schiller in das Institut eintrat, dem Obristwachtmeister v. Seeger übertragen. Dem Militärdienst widmete sich fast ausschließlich die erste Classe jener Lehranstalt, die sogenannten Cavaliere. Die Eleven erhielten den erforderlichen Unterricht, um sich zu Künstlern und Handwerkern, Malern, Architekten, Musikern u.s.w. zu bilden. Fast auf alle wissenschaftlichen Zweige, die Theologie ausgenommen, erstreckte sich nach und nach der Unterricht des Instituts. Man hatte die Einrichtung getroffen, die Zöglinge nach den verschiedenen Lehrgegenständen in vier und zwanzig Divisionen zu theilen. In der ersten Division befanden sich die Juristen, in der zweiten die Militärpersonen, in der dritten die Kameralisten u.s.w. So bot die Karlsschule, indem sie das ganze Unterrichtswesen umfaßte, hinreichende Mittel dar zu einer universellen Bildung.

Vorherrschend war in diesem künstlich zusammengesetzten Staate die militärische Form. Das Commando: "Marsch!" führte die Zöglinge in den Speisesaal, wo ihnen ein "Halt!" zugerufen ward. Auf das Commando: "Front!" wandten sie sich gegen den Tisch, hoben hier, als der Ruf: "Zum Gebet!" ertönte, die gefalteten Hände bis zum Munde empor, und rückten auf ein gegebenes Zeichen die Stühle mit einem donnerähnlichen Geräusch zum Tische.

Auf ähnliche Weise zogen sie in gleichmäßigem Tempo nach den Hörsälen. Das Verhältniß der Lehrer zu ihren Schülern war ordonanzmäßig. An die militärische Form des Instituts wurden die Zöglinge schon durch ihre Kleidung erinnert. Nach der Beschreibung, die ein Jugendfreund Schillers, v. Scharffenstein, davon entworfen, trugen die Offizierssöhne gewöhnlich hellblaue Westen von Commißtuch, Kragen und Aermelaufschläge von schwarzem Plüsch, und Beinkleider von weißem Tuch. Unter dem kleinen Hute sahen an jeder Seite des Kopfes zwei ungepuderte Papilloten hervor. Lange falsche Zöpfe, nach einem bestimmten Maße, wurden von allen Zöglingen getragen. In dieser wunderlichen Kleidung nahm sich Schiller vor vielen Andern höchst seltsam aus, in seiner langen hagern Gestalt, in dem bleichen Gesicht und den fast immer etwas entzündeten Augen.

Noch schwerer, als der Körperzwang, dem er sich unterworfen sah, lastete auf ihm der Druck des Geistes. Die strenge Form und Regel in jenem Institut vertrug sich nicht mit der leisesten Freiheitsäußerung. Strenge Verleugnung seiner selbst, das Ersticken hervorstechender Talente, die nicht in den Erziehungsplan paßten, vor Allem aber die Niederbeugung des eigenen Willens, waren die Grundsätze, deren Befolgung die Karlsschule unbedingt verlangte. Seinen tiefen Unmuth über diesen Zwang sprach Schiller in mehreren Briefen an seinen Jugendfreund Carl Moser aus. Selbst den Trost freundschaftlicher Mittheilung mußte er entbehren. Ueberall scharf beobachtet, durften die Zöglinge ohne einen Grund, der den Inspectoren genügte, sich nicht aus einem Schlafsaal in den andern begeben. Das Puder- und Waschzimmer, eine abgelegene Allee im

Garten, ein Durchgang im Hofe u.s.w. mußte das Local darbieten, wo Schiller einzelnen Vertrauten Proben seiner Gedichte oder später Scenen aus seinen "Räubern" mittheilen konnte, doch nicht selten unterbrochen ward, wenn der ausgestellte Vorposten das verabredete Zeichen gab.

Zu der Erinnerung an die Freiheit, die er im elterlichen Hause genossen, trat noch für Schiller das drückende Gefühl der Einsamkeit. Seine Natur war nicht geeignet, sich Andern zu nähern. Unter den dreihundert Zöglingen der Karlsschule hatte er nur wenig Freunde im strengsten Sinne des Wortes. Nicht ausgezeichnetes Talent, wohl aber Herzensgüte und Charakterfestigkeit mußte der besitzen, an den er sich anschloß. Mit zurückschreckender Kälte behandelte er Individuen von schwankendem, niedrigem und bösartigem Charakter, und suchte sich ihrem Umgange möglichst zu entziehen. Ein Glück war es für ihn, daß er in der Karlsschule bald nach seinem Eintritt mehrere gleichgesinnte Jünglinge fand, die sich zugleich lebhaft für die Dichtkunst interessirten. Zu seinen Freunden gehörten vor allen v. Hoven, später Medicinalrath in Nürnberg, der nachherige Bibliothekar Petersen in Stuttgart, v. Scharffenstein, späterhin General in würtembergischen Diensten, der Bildhauer Dannecker und der Tonkünstler Zumsteg.

Mit seinem trüben Schicksal versöhnte ihn einigermaßen die humane Behandlung des Majors v. Wolf, unter dessen Oberaufsicht er stand. Ohne von der Würde eines Vorgesetzten sich etwas zu vergeben, verschaffte jener feingebildete und zartfühlende Mann dem aufkeimenden Talente Schillers neue Nahrung, indem er ihm zu der Bekanntschaft mit den ausgezeichneten Geisteswerken verhalf, was jedoch nicht ohne Beseitigung mancher Hindernisse geschehen konnte, da deutsche Bücher in der Karlsschule als eine Art von Contrebande galten. Groß war Schillers Freude, als ihm ein Zufall Klopstocks Oden und den Messias verschaffte. Sein eignes poetisches Talent ward durch jene Dichtungen, die in seinem religiös gestimmten Gemüth leicht Anklang fanden, mächtig angeregt. Von allen andern Zerstreuungen geschieden, kehrte er in seiner klösterlichen Einsamkeit immer wieder zu seinem Lieblingsdichter Klopstock zurück, dessen Anschauungen, Bilder, Gefühle und Gedanken er sich allmälig aneignete. Jene Gattung der Poesie nährte Schillers Empfänglichkeit für das Große und Erhabene. Aber auch die Neigung zum geistlichen Stande ward wieder in ihm rege durch Klopstocks Dichtungen. In der Bibel fand er den Stoff zu einem epischen Gedicht, Moses, das sich leider nicht erhalten hat.

Einen fast noch tiefern und bleibendern Eindruck auf Schillers empfängliches Gemüth machten die erhabenen, rührenden und erschütternden Scenen in Gerstenbergs Ugolino. Noch in spätern Jahren schätzte er dieß Trauerspiel sehr, dessen Mittheilung er 1773 einem Freunde verdankte. Völlig abgelenkt von der lyrischen und epischen Poesie ward Schiller, als er bald nachher Goethe's Götz von Berlichingen kennen lernte. Dies Ritterschauspiel führte ihn mit hinreißender Gewalt der tragischen Laufbahn entgegen. Durch die Wielandsche Uebersetzung Shakespeare's, die ihm sein Freund v. Hoven verschaffte, ward er mit diesem großen Dramatiker bekannt. Eine Stelle aus Shakspeare's Werken, die sein Lehrer Abel einst in einer Unterrichtsstunde mittheilte, soll ihn zuerst für den großen Britten begeistert haben. In spätern Jahren gestand er jedoch, daß sein moralisches Gefühl, vielleicht auch die Vorliebe für Klopstocks Poesie, ihn lange verhindert habe, Shakspeare gerecht zu würdigen. Er gestand offen, daß ihn die Kälte und Unempfindlichkeit empört habe, die dem Britten erlaubte, im höchsten Pathos zu scherzen, und die erschütternden Scenen im Hamlet, im König Lear und Macbeth durch einen Narren zu stören. Immer mehr erkaltete in ihm die Vorliebe für Shakspeare. Neuere deutsche Dichter verdrängten ihn, besonders Lessing in seiner Emilia Galotti und Leisewitz in dem Trauerspiel Julius von Tarent. Mehrere Briefe an seinen Jugendfreund Carl Moser bewiesen, wie ihn die strenge Disciplin der Karlsschule erbitterte, die durch ihre Fesseln ihn nöthigte, jenen Geistesgenuß als etwas Strafbares zu betrachten. Er fühlte, wie er in einem seiner Briefe äußerte, jenem Zwange gegenüber, in seinem Herzen eine ganz andere Welt, als die, die ihn umgab. "So lange sich mein Geist frei erheben kann," schrieb er unter andern, "wird er sich in keine Fesseln schmiegen." In solcher Stimmung gab es Fälle, wo sein Unmuth, den er bei Irrungen mit seinen Vorgesetzten meist durch einen witzigen oder sarkastischen Einfalt beschwichtigt hatte, sehr lebhaft hervorbrach. Mit der Aeußerung: er müsse bei der Wahl seiner Studien seinen freien Willen haben, warf er einst, als er unter dem Vorwande der Krankheit auf seinem Zimmer geblieben war, ein ihm aufgedrungenes Pensum dem Ueberbringer vor die Füße. Für diesen Trotz ward er einige Zeit degradirt und lernte einsehen, daß in solchen Fällen die Inspectoren doch weiter mit ihrem Willen reichten, als er mit dem seinigen.

Wenn er Nachts, wo seine Phantasie am lebhaftesten aufgeregt war, ungestört arbeiten wollte, mußte er ebenfalls Unwohlseyn vorschützen. Ihm ward dann erlaubt, im Krankensaale sich einer Lampe zu bedienen, während er außerdem, wie die übrigen Zöglinge, nur bis zu einer bestimmten Stunde Licht brennen durfte. Ein wissenschaftliches Buch war immer bei der Hand, um das Manuscript sogleich zu bedecken, wenn es einem der Inspectoren oder mitunter dem Herzog selbst einfiel, den Saal zu visitiren. Mehrere Gedichte, zum Theil auch Schillers Schauspiel, die Räuber, entstanden auf diese Weise. Als er einst einigen Freunden eine Scene aus diesem noch ungedruckten Stück vorlas, überraschte ihn einer der Inspectoren. Mit Pathos recitirte Schiller die von Franz Moor an den Pastor Moser gerichteten Worte: "Ha! was! du kennst keine Strafe drüber? (über den Vatermord) Besinne dich nochmals! Tod, Himmel, Ewigkeit, Verdammniß schwebt auf dem Laute deines Mundes." In diesem Augenblick öffnete sich die Thür. "Ei! wer wird denn so entrüstet seyn und fluchen?" sagte der hereintretende Aufseher. Schillers Freunde lächelten, und er selbst rief dem sich wieder entfernenden Inspector bitter lächelnd nach: "Ein confiscirter Kerl!"

Mit solchen Kraftäußerungen harmonirte Schillers Freimüthigkeit in der Beurtheilung seiner selbst und Anderer. Eine blondere Veranlassung, diese Freimüthigkeit zu zeigen, bot sich ihm dar, als der Herzog von Würtemberg 1774 verlangte, daß unter den altern Zöglingen seines Instituts jeder nicht nur von sich, sondern auch von allen Genossen seiner Abtheilung eine schriftliche Charakteristik entwerfen sollte. Sowohl die Fehler, als die Fähigkeiten und Lieblingsneigungen der einzelnen Zöglinge, besonders aber eines Jeden Betragen gegen die Lehrer und Inspectoren sollten, nach der Ansicht des Herzogs, in jener Charakteristik genau angegeben werden. In den von K. Hoffmeister herausgegebenen Nachträgen zu Schillers Werken haben sich die Schilderungen erhalten, die der damals funfzehnjährige Jüngling von mehren seiner Mitschüler entwarf. Jene Schilderungen waren nicht blos Beweise seiner feinen Beobachtungsgabe; sie zeigten auch seine redliche, wohlwollende und freimüthige Gesinnung im schönsten Lichte. Von manchen seiner Mitschüler bekannte er offen: die Ehrerbietung gegen ihre Vorgesetzten grenze an Niederträchtigkeit.

In der Schilderung, die er von sich selbst entwarf, verschwieg er nicht seine vorherrschende Neigung zur Poesie. Freimüthig gestand er: "daß er in manchen Stücken noch fehle, daß er eigensinnig, hitzig, ungeduldig sei, daß er aber auch ein aufrichtiges, treues und gutes Herz habe." Die mißfälligen Aeußerungen seiner Freiheitsliebe suchte er durch sein edles Gemüth zu entschuldigen. Am Schluß seiner Selbstcharakteristik unterdrückte er nicht das Geständniß, daß er sich weit glücklicher fühlen würde, wenn er dem Vaterlande als Theolog dienen könnte. Daß er dem geistlichen Stande entzogen worden, beklagte er oft. Auch in spätern Jahren verband er etwas Großes und Erhabenes mit der Vorstellung, vor einer versammelten Gemeinde über die wichtigsten Angelegenheiten des Menschen zu sprechen.

Wie Schillers Mitschüler über ihn urtheilten, zeigt ein noch erhaltener Aufsatz eines seiner Jugendfreunde. Seine Neigung zur Poesie, besonders zur tragischen, wird in jenem Aufsatze besonders hervorgehoben. Seinem Betragen nach wird er als sehr lebhaft und lustig, dabei aber zugleich auch als bescheiden, schüchtern und freundlich geschildert, mehr in sich selbst, als äußerlich vergnügt, nie ganz mit sich selbst, doch mit seinem Schicksal zufrieden. Das Letztere konnte schwerlich der Fall seyn. Mit seinen poetischen Beschäftigungen stand das von ihm gewählte Studium einer so trocknen Wissenschaft, wie die Jurisprudenz, in der furchtbarsten Disharmonie. Seine Phantasie, von poetischen Bildern, Träumen und Plänen fortwährend bewegt, konnte durch die Geschichte der in Deutschland geltenden Rechte eben so wenig gefesselt werden, als durch spätere Collegien über das Naturrecht und über das römische Recht. Von seinen juristischen Lehrern ward er daher für einen talentlosen Menschen gehalten, dessen Fähigkeiten zu keinen großen Erwartungen für die Zukunft berechtigten. Fleißiger, als das Studium der Rechte, betrieb er den fortgesetzten Unterricht im Lateinischen und Griechischen, in der Geographie, Geschichte und Mathematik. Anziehend waren für ihn besonders die Elemente der Philosophie. Doch hatte er auch in den neuern Sprachen hinlängliche Fortschritte gemacht, um die französischen Classiker ohne Schwierigkeit lesen zu können.

Glücklicherweise fand Schiller 1775 durch eine Erweiterung der Karlsschule Gelegenheit, die ihm lästige Jurisprudenz mit einem andern Studium zu vertauschen. In den Kreis der bisherigen Lehrgegenstände war um diese Zeit auch die Medicin gezogen worden. Schiller entschloß sich, diese Wissenschaft zu studiren und sie zu seinem künftigen Lebensberuf zu wählen, wahrscheinlich, wie einer seiner Jugendfreunde erzählt, durch die Ansicht geleitet, daß Psychologie und die damit verwandten Kenntnisse ihm in dramatischer Hinsicht förderlich seyn könnten. Nach einer andern Nachricht entschloß sich Schiller zur Medicin durch die seinem Vater von dem Herzog eröffneten Aussichten einer schnellen Versorgung seines Sohnes.

Hätte auch Schillers neues Studium ein noch höheres Interesse für ihn gehabt, als dies, wenigstens anfangs, der Fall war, so konnte es ihm doch keine Entschädigung darbieten für den Druck der Fesseln, die überall den Aufschwung seines Geistes lähmten. In ihm lebte ein hohes Freiheitsgefühl, dem er sich mit ganzer Seele hingab, wenn es ihm dann und wann gelang, den engen Mauern zu entschlüpfen, die ihn mit der Welt und ihren Verhältnissen in gänzlicher Unbekanntschaft erhielten. Der Plan, den er mit einigen Freunden 1775 zu einer heimlichen Flucht entworfen hatte, mißlang, ohne verrathen worden zu seyn, doch gänzlich. Schiller mußte sich mit dem Trost begnügen, wie bisher, der Menschen Thun und Treiben aus der Ferne zu belauschen.

In seiner Einsamkeit blieb die Dichtkunst seine Lieblingsbeschäftigung. Außer Klopstock, für den er noch immer eine besondere Vorliebe zeigte, waren Uz, Haller, Lessing, Gerstenberg und Goethe die Dichter, deren poetische Schöpfungen ihn am meisten ansprachen. Den tiefsten Eindruck auf sein empfängliches Gemüth machten Werthers Leiden. Als dieser Roman im Kreise einiger seiner vertrautesten Freunde vorgelesen ward, entwarfen sie, von jugendlicher Begeisterung ergriffen, sogleich den Plan zu einem zweiten Werther, der freilich ungeschrieben blieb. Schwer möchten die Empfindungen zu schildern seyn, von denen Schiller bei dem Anblick Goethe's ergriffen ward, der den Herzog von Weimar begleitete, als dieser Fürst die Karlsschule besuchte. Wie hätte ihm damals nur eine Ahnung kommen können, daß zwischen ihm und dem Verfasser des Werther sich einst ein Freundschaftsband knüpfen werde! Als einfaches sinniges Gemälde schöner Jugendliebe sprach ihn auch Millers Siegwart an, und Stunden lang schwärmte er, am einsamen Gitterfenster sitzend, in den durch jene Klostergeschichte in ihm erregten Gefühlen.

Schiller wollte indeß nicht blos genießen, er wollte auch selbst produciren. Nahe lag ihm und seinen gleich gestimmten Freunden die Idee, mit den Mustern zu wetteifern, die durch tiefe Blicke in das Innere der Seele, wie durch Reichthum der Phantasie und der Sprache, der Dichtkunst einen neuen Schwung zu geben suchten. Mit seinen Freunden kam Schiller überein, daß sie sich in die aus den verschiedenen Gattungen der Poesie gewählten Stoffe theilen wollten. Petersen machte sich anheischig, ein rührendes Schauspiel zu dichten; v. Hoven wollte ein Seitenstück zum Werther und Scharffenstein versprach ein Ritterstück. Schiller selbst war wegen des Süjets, das zu einer Tragödie paßte, längere Zeit in so großer Verlegenheit, daß er, nach seiner eignen Aeußerung in spätern Jahren, damals seinen letzten Rock und Hemde für einen dankbaren Stoff würde hingegeben haben.

In solcher Stimmung fiel ihm ein Zeitungsblatt in die Hände, das eine Nachricht von der Selbstentleibung eines Studenten in Nassau enthielt. Sein theilnehmendes Herz und seine lebhafte Phantasie fand in diesem Ereigniß sogleich die Grundlage zu einer Tragödie, die den Titel: "der Student von Nassau" erhielt. In spätern Jahren soll er bedauert haben, daß er diesen ersten dramatischen Versuch, dessen vielfache Mängel ihm bald einleuchteten, wieder vernichtet hatte. Jenes Trauerspiel war ein merkwürdiges Document der ersten glühenden Wärme seines Gefühls. Auch ein zweiter dramatischer Versuch Schillers, "Kosmus von Medicis", hat sich nicht erhalten. Diese Tragödie soll dem von Leisewitz gedichteten Trauerspiel Julius von Tarent sehr ähnlich gewesen seyn. Einzelne Gedanken und Situationen nahm Schiller später in seine "Räuber" auf.

Hauptsächlich dem Freiheitsdrange hatte Schiller in den erwähnten dramatischen Versuchen Luft gemacht. Aber auch sein Herz verlangte Befriedigung. Er fand sie, noch immer wieder zu Klopstocks Poesie zurückkehrend, in lyrischen Ergießungen. Sein erstes Gedicht dieser Art, in den Nachträgen zu seinen Werken enthalten, und "Schilderung des menschlichen Lebens" überschrieben, entstand 1775, zu einer Zeit, wo trübe Erfahrungen und die peinliche Unruhe der erwachenden Denkkraft den Frieden der Seele des damals sechszehnjährigen Jünglings schon untergraben hatten. Psychologisch merkwürdig war dieß Gedicht, weil Schiller darin schon im Allgemeinen die Zerwürfnisse angedeutet hatte, die er später mit gewaltsamem Ungestüm in den "Räubern" zur Sprache brachte.

Ganz im Geiste Klopstocks war eine zweite lyrische Ergießung, die unter der Ueberschrift: "der Abend", eine Stelle in Balthasar Haug's Schwäbischen Magazin vom Jahr 1776 fand. Es war eine Art von Hymne an Gott, voll religiöser Empfindung und mit einer ungewöhnlichen Kraft und Energie der Sprache gedichtet. Dies mochte der Herausgeber des Schwäbischen Magazins gefühlt haben, weil er in einer Anmerkung dem jungen Dichter ein "os magna sonaturum" prophezeihte. Schiller sprach einige

Jahre später ein wegwerfendes Urtheil über dies Gedicht aus, als ihn ein Jugendfreund daran erinnerte. "Damals", sagte er, "war ich noch ein Sklave Klopstocks."

Der eben genannte Dichter begeisterte ihn auch zu dem Gedicht: "der Eroberer", ebenfalls in Haugs Schwäbischen Magazin vom Jahr 1777 gedruckt und späterhin in die Nachträge zu Schillers Werken aufgenommen. Nicht unbillig beurtheilte sein Jugendfreund Petersen dies Gedicht, das er als "den Erguß einer orientalischen Geistesergrimmung" bezeichnete, mit Erinnerungen aus der Messiade und den Propheten, voll wilden Feuers und roher brausender Kraft, aber auch voll Schwulst und Unverständlichkeit. In seiner Unbekanntschaft mit der Welt und ihren Verhältnissen lag hauptsächlich der Grund, warum Schillers Phantasie, die sich an keine Erfahrungen und Anschauungen halten konnte, leicht ins Unbegrenzte hinausschweifte. Dem Leben völlig entfremdet, konnte er seine poetischen Stoffe nur aus Büchern schöpfen, und so war ihm das Dichten mehr eine angestrengte Arbeit, als ein leichtes Spiel.

Früher, als sein poetisches Talent, gelangte seine hervorstechende Denkkraft zu einer gewissen Selbstständigkeit. Garve's Anmerkungen zu Ferguson's Moralphilosophie verdankte Schiller das erste Licht im Reich der Vernunftwahrheiten. Auch mehrere Schriften Lessing's, Sulzer's, Mendelssohn's, Herder's u.A. las er fleißig. Vorzüglich waren es Plutarch's Lebensbeschreibungen, durch welche Schillers Vorstellungsweise sich zum Großen und Allgemeinen erhob. Für dies Werk blieb ihm stets eine große Vorliebe. In den später gedichteten "Räubern" ließ er seinen Karl Moor sagen: "Mir ekelt vor diesem dintenklecksenden Seculum, wenn ich in meinem Plutarch lese von großen Menschen." Auch noch in spätern Jahren (1788) empfahl er das Studium jenes griechischen Autors einer Freundin. Ein solches Werk, meinte er, erhebe uns über die platte Generation und mache uns zu Zeitgenossen einer bessern Menschheit.

Neue Nahrung und eine bestimmte Richtung erhielt Schillers Selbstthätigkeit im Denken nicht sowohl durch den Unterricht, den er in der Karlsschule genoß, als vielmehr durch den eigenthümlichen Gang seines Geistes. Schon bei dem mühsamen Entwurf seiner poetischen Stoffe hatte er seine Denkkraft üben müssen. Den Eindrücken der Außenwelt durch einen harten Erziehungszwang entzogen, mußte er ein Denker werden, wenn irgend ein geistiges Interesse in ihm vorhanden war. Ein solches Interesse fühlte er für das Moralische und Religiöse. Sein Denken nahm eine philosophische Richtung. Der fromme Glaube an die positiven Lehren des Christenthums, den ihm der Religionsunterricht in seiner Jugend eingeflößt hatte, war erschüttert worden, seit er in den Dichtern, die er zu seiner Lectüre gewählt, auf andere und freiere Ansichten gestoßen war. Auch seine Vernunft harmonirte nicht manchen positiven Dogmen. Sein erwachtes Selbstgefühl, das Bewußtseyn des Adels der menschlichen Natur wollte sich nicht lange vertragen mit so manchem, was ihm bisher als ehrwürdig gegolten. Er ward irre in seinen religiösen Ansichten, und Zweifel bemächtigten sich seiner Seele. Ein merkwürdiges Document dieser Gemüthsstimmung waren die von ihm verfaßten "Morgengedanken am Sonntage", die er in das Schwäbische Magazin vom Jahr 1777 einrücken ließ. Der Herausgeber jener Zeitschrift, Balthasar

Haug, nannte den erwähnten Aufsatz "eine Frucht der bessern religiösen Empfindungen und Ueberzeugungen des Verfassers, der durch vermiedene Schicksale, auch in Sachen der Religion und Wahrheit geläutert worden sei." Schiller legte in jenem Aufsatze das offene Geständniß ab, "daß oft bange Zweifel seine Seele in Nacht gehüllt, und daß sein beunruhigtes Herz nach himmlischer Erleuchtung gerungen habe."

Für die Lauterkeit seiner Empfindung, wie für die Wahrheit seiner Gesinnung gab jener Aufsatz, oder vielmehr jenes rührende Gebet, das sich in den Nachträgen zu Schillers Werken erhalten hat, ein vollgültiges Zeugnis. Beruhigen konnte es ihn nicht in seiner, durch religiöse Zweifel und den erwachten Forschungsgeist vielfach bewegten Stimmung. Voltaire's und Rousseau's Schriften, die ihm damals in die Hände gefallen waren, unterhielten in ihm den Zwiespalt zwischen Glauben und Vernunft, in den er gerathen war. Eine merkwürdige Revolution schien in seinem Geiste eingetreten zu sein. Von den religiösen Wahrheiten wandte sich sein Forschen zu Gegenständen und Angelegenheiten, die dem Menschen überhaupt wichtig und theuer sind. Durch eine besondere Veranlassung ward seine erwachte Denkkraft in Thätigkeit erhalten. 1779 feierte er das Geburtsfest der Favoritin des Herzogs von Würtemberg, der Reichsgräfin Franziska von Hohenheim, durch eine Rede, in der ihn die Lösung der Frage beschäftigte. "ob allzu viel Güte, Leutseligkeit und Freigebigkeit im engsten Verstande zur Tugend gehöre." Wahrscheinlich war ihm dieß sonderbare Thema vom Herzog selbst aufgegeben worden. Mit jugendlichem Feuer und mit einer Kühnheit der Sprache, die ihn fast in's Ueberschwängliche führte, äußerte sich Schiller in dieser Rede. Die ihm aufgegebene Frage aber beantwortete er so umfassend und geistreich, daß er die kühnsten Erwartungen des Herzogs übertraf. Aus dem classischen Alterthum, aus der Zeit der Griechen und Römer nahm er die Beispiele her, an die er seine sittlichen Ideen und Gefühle knüpfte. Bei aller Dankbarkeit und Pietät gegen seinen Fürsten enthielt er sich gänzlich frei von niedriger Schmeichelei. Auf einer noch höhern Stufe seiner intellectuellen Bildung erschien er in einer spätern Rede, durch die er 1780 das Geburtsfest der Gräfin von Hohenheim feierte. Er wählte für diese Rede ein verwandtes Thema, welchem ebenfalls eine sittliche Idee zum Grunde lag: "Die Tugend in ihren Folgen betrachtet." Noch unverkennbarer, als in der frühern Rede, zeigte sich in dieser zweiten die in's Große und Universelle sich erstreckende Geistesrichtung des ein und zwanzigjährigen Jünglings. Eine weitere Ausführung gab er in spätern Gedichten der hier ausgesprochenen Idee, daß die Liebe in der geistigen Welt das sei, was das Anziehungsgesetz in der materiellen Welt.

Während Schiller in dieser Weise sein oratorisches Talent übte, ergriff ihn mitten unter seinen philosophischen und poetischen Studien drückender als jemals ein tiefes Gefühl des Unmuths, das ihm eine völlige Gleichgültigkeit gegen das Leben und alle irdischen Verhältnis einflößte. In einem am 15. Januar 1780 geschriebenen Briefe gestand er, daß die Welt durchaus keinen Reiz mehr für ihn habe, und meinte: mit jedem Schritt, den er an Jahren gewänne, verlöre er immer mehr an Zufriedenheit. Er wünschte als Kind gestorben zu seyn. "Wäre", schrieb er, "mein Leben mein eigen, so würd' ich nach dem Tode geizen. So aber gehört es einer Mutter und dreien ohne mich hülflosen Schwestern, denn ich bin der einzige Sohn, und mein Vater fängt an, graue Haare zu bekommen." Daß ihn das Gefühl der Pflicht an seine Selbsterhaltung mahnte, war ein schöner Zug in Schillers Charakter. Dem Briefe, der das oben erwähnte Geständniß enthielt, lag übrigens eine äußere Veranlassung zum Grunde. Das Schreiben war an den Vater seines Jugendfreundes v. Hoven gerichtet, dessen Bruder als Zögling der Karlsschule in der Blüthe seiner Jahre gestorben war. Auch in diesem Briefe, wie bei andern Veranlassungen, zeigte sich Schillers Hang zur Reflexion. Zu einer Vergleichung des irdischen Lebens mit dem glücklichen Loose, das uns jenseits erwartet, nahm er seine Zuflucht, um den trauernden Vater zu trösten.

Seine trübe Stimmung suchte Schiller durch den Eifer und Fleiß zu verscheuchen, mit dem er sich seinen medicinischen Studien widmete. Dem Entschluß, der Poesie vor der Hand zu entsagen und sich ausschließlich seinem Beruf zu widmen, blieb er wenigstens eine Zeit lang unverbrüchlich treu. Wie tief er in einzelne Zweige der von ihm gewählten Wissenschaft eingedrungen war, zeigte eine unter dem Titel: "Philosophie der Physiologie" verfaßte Abhandlung, die er später lateinisch ausarbeitete und in der letzten Gestalt als Probeschrift vorlegte. Sie scheint nicht gedruckt worden zu seyn. Von der deutschen Abhandlung hat sich leider nur ein Fragment von fünf Capiteln und nicht einmal das erste vollständig erhalten. Aber schon dieß Bruchstück zeigte den seltnen Scharfsinn, die hohe geistige Ausbildung und das wissenschaftliche Streben des Jünglings.

Ihrem Inhalt nach mit dieser Abhandlung verwandt war eine andere, welche Schiller zwei Jahre später (1780) zur Zufriedenheit seiner Lehrer und selbst des dabei anwesenden Herzogs vertheidigte, der sich nach der Prüfung in dem Speisesaal, den Arm auf Schillers Stuhl gelehnt, sehr herablassend mit ihm unterhalten haben soll. Diese Abhandlung, "Versuch über den Zusammenhang der thierischen Natur des Menschen mit seiner geistigen," zu Stuttgart 1780 gedruckt und später in Schillers Werke aufgenommen, war von ihm seinem Fürsten gewidmet worden, in dankbarer Erinnerung an den Unterricht, den er ihm nebst so manchen andern Wohlthaten zu verdanken gehabt hatte. Schiller war ein und zwanzig Jahre alt, als er durch diese ursprünglich lateinisch geschriebene Abhandlung ein vollgültiges Zeugniß seiner Fähigkeiten und der vielseitigen Bildung gab, zu der er sich durch anhaltenden Fleiß emporgeschwungen. Der Hauptzweck dieser Dissertation war, die Abhängigkeit des Geistes vom Körper zu zeigen, wodurch er unwillkührlich dem in seiner Natur tief begründeten Idealismus entzogen und in das realistische Gebiet geführt ward.

Lange konnte er dort nicht verweilen. Unter den zu seinem künftigen Lebensberuf dienenden Studien zog ihn seine Neigung immer wieder zur Poesie zurück. Ein vorherrschendes Interesse behielt für ihn das Studium dramatischer Werke. Die in der Karlsschule übliche Sitte, jährlich einige Mal Theaterstücke in einem Saal des akademischen Gebäudes aufzuführen, verschaffte ihm Gelegenheit, sich als Schauspieler zu versuchen. Er trat als Clavigo in dem gleichnamigen Trauerspiel Goethe's auf, erntete jedoch keinen Beifall ein. Noch lange nachher scherzten seine Freunde über sein unangenehmes

Organ, seine heftige Declamation und seine übertriebene Mimik Durch seinen ersten dramatischen Versuch, durch die "Räuber," die in diese Zeit seines Lebens fallen, wies Schiller seinen Naturanlagen und seinem Talent für immer die eigentliche Richtung an.

Dem gereizten Gefühl des oft wiederkehrenden Unmuths über den Druck seiner Verhältnisse, verbunden mit dem überwiegendem Hange zur Reflexion, verdankte das erwähnte Schauspiel, das durch die ungeheure Sensation, die es machte, für Schiller die trübsten Schicksale herbeiführte, seine Entstehung. Das Manuscript der "Räuber" war ganz oder doch beinahe vollendet, als mit seiner Anstellung als Regimentsarzt Schillers Aufenthalt in der Karlsschule endete. Die äußere Veranlassung zu seinem Schauspiel soll eine im Schwäbischen Magazin enthaltene Erzählung von einem durch seinen verstoßnen Sohn geretteten Vater gegeben haben. Nur aus seinem eignen Busen hatte Schiller, von aller Erfahrung und Menschenkenntniß entblößt, den Gehalt zu einer so ungeheuern Dichtung, wie die Räuber, schöpfen können. Ein über die Entstehung seines Schauspiels einige Jahre später von ihm geschriebener Aufsatz enthielt in dieser Hinsicht ein merkwürdiges Selbstgeständniß Schillers.

"Ein seltsamer Mißverstand der Natur", schrieb er, "hatte mich in meinem Vaterlande zum Dichter verurtheilt. Neigung für Poesie beleidigte die Gesetze des Instituts, worin ich erzogen ward, und widersprach dem Plane seines Stifters. Acht Jahre rang mein Enthusiasmus mit der militärischen Regel. Aber Leidenschaft für die Dichtkunst ist feurig und stark, wie die erste Liebe. Was sie ersticken sollte, fachte sie an. Verhältnissen zu entfliehen, die mir zur

Folter waren, schweifte mein Hang in eine Idealwelt aus. Aber unbekannt mit der wirklichen Welt, von welcher mich eiserne Stäbe schieden, unbekannt mit den Menschen, denn die vierhundert, die mich umgaben, waren ein einziges Geschöpf, der getreue Abguß eines und eben dieses Modells, von welchem die plastische Natur sich feierlich lossagte; unbekannt mit den Neigungen freier, sich selbst überlassener Wesen – denn hier kam nur eine zur Reife, die ich jetzt nicht nennen will – jede übrige Kraft des Willens erschlaffte, indem eine einzige sich convulsivisch spannte; jede Eigenheit, jede Ausgelassenheit der tausendfach spielenden Natur ging in dem regelmäßigen Tempo der herrschenden Ordnung verloren; unbekannt mit dem schönen Geschlecht – die Thüren dieses Instituts öffnen sich, wie man wissen wird, Frauenzimmern nur, wenn sie anfangen, interessant zu werden, und wenn sie aufgehört haben, es zu seyn; unbekannt mit Menschen und Menschenschicksal, mußte mein Pinsel nothwendig die mittlere Linie zwischen Engel und Teufel verfehlen, mußte er ein Ungeheuer hervorbringen, das zum Glück in der Welt nicht vorhanden war, und dem ich nur darum Unsterblichkeit wünschen möchte, um das Beispiel einer Geburt zu verewigen, die der naturwidrige Beischlaf der Subordination und des Genius in die Welt setzte. – Ich meine die Räuber. Dies Stück ist erschienen. Die ganze sittliche Welt hat den Verfasser als einen Beleidiger der Majestät vorgefordert. Seine ganze Verantwortung sei das Klima, unter dem es geboren ward. Wenn von allen den unzähligen Flugschriften gegen die Räuber eine einzige mich trifft, so ist es diese, daß ich zwei Jahre vorher mir anmaßte, Menschen zu schildern, ehe mir noch einer begegnet war."

Durch keine Rücksicht ließ sich in diesem Schauspiel Schillers Freiheitsdrang und seine feurige Phantasie zähmen, die ihn in's Schrankenlose und Leidenschaftliche trieb. In einer Selbstcritik der "Räuber", die er später entwarf, äußerte Schiller, Rousseau habe es am Plutarch gerühmt, daß dieser erhabene Verbrecher zum Stoff seiner Stücke gewählt habe und Schiller gab nicht undeutlich zu verstehen, daß er diesem Beispiel gefolgt sei. Es lag in seiner Natur, Alles in's Uebermäßige zu treiben. In den Personen, die er in seinem Schauspiel auftreten ließ, wurde Alles Affect und Leidenschaft. Sogar dem metaphysischen Franz Moor, der sich im ersten Act der Räuber einen kalten, hölzernen Alltagsmenschen hatte, gab Schiller im vierten Act eine gewisse Sentimentalität. Unter allen von ihm dargestellten Charakteren war kaum ein einziger, der nicht durch eine momentane Aufwallung bald hier- bald dorthin gerissen ward. Von den verschiedenartigsten Empfindungen, von Zorn, Wehmuth, Rührung, Jubel, Verzweiflung und Wahnsinn ergriffen, schilderte er in der letzten Scene seinen Helden Karl Moor, in welchem er zum Theil sich selbst mit seinem leidenschaftlichen Freiheitsdrang gezeichnet hatte. "Ich soll," ließ er ihn sagen, "meinen Leib pressen in eine Schnürbrust, und meinen Wollen schnüren in Gesetze? Das Gesetz hat zum Schneckengang verdorben, was Adlersflug geworden wäre. Das Gesetz hat noch keinen großen Mann gebildet, aber die Freiheit brütet Colosse und Extremitäten aus."

Während Schiller seinem idealen Freiheitsdrange in den Räubern Luft machte, mußte ihm ein Blick auf seine Verhältnisse sagen, daß er selbst der lang ersehnten Freiheit noch immer entbehrte, oder sie wenigstens nur scheinbar erhalten hatte. Abgesehen davon, daß mit der früher erwähnten Anstellung als Regimentsarzt bei dem in Stuttgart cantonirenden Regimente Auge, bei welchem er sich mit dem geringen Monatsgehalt von achtzehn Gulden Reichswährung begnügen mußte, sah er sich noch immer gefesselt durch die strengen Bande militärischer Verhältnisse. Schon seine Kleidung mußte ihn daran erinnern. Eingepreßt in eine Uniform nach altpreußischem Schnitt, trug er an jeder Seite drei stark vergipste Rollen, auf dem Kopf einen kleinen Hut, eine schmale Halsbinde von Roßhaar und sehr klappe Beinkleider mit weißen Gamaschen. Schillers lange, hagere Gestalt, das bleiche eingefallene Gesicht und seine von Natur steife Haltung konnten durch diesen Anzug nicht gewinnen, der jede freie Muskelbewegung lähmte. Der ungünstige Eindruck seiner Persönlichkeit ward verstärkt durch seine meist entzündeten Augen und sein röthliches Haar.

Was die Natur ihm in körperlicher Hinsicht versagt, hatte sie reichlich vergütet durch die innere Kraft seines Geistes, die in seiner Unterhaltung einen unwiderstehlichen Zauber ausübte. Auch dem gewöhnlichsten Gespräch wußte Schiller ein Interesse zu geben durch das Talent, Nahes und Fernes zu verknüpfen, und Allem, was er sagte, eine gewisse Bedeutung zu geben. Selten entschlüpfte ihm ein Wort des Unmuths über seine noch immer nicht günstigen Verhältnisse. Selbst im Kreise seiner vertrautesten Freunde schwieg er über diesen Punkt. Seine frühere Neigung zum geistlichen Stande schien verschwunden. Die lange Laufbahn eines württembergischen Theologen, die er hätte durchwandern müssen, schreckte ihn. Jetzt, meinte er, sei er fertig, ausgerüstet für die Welt. An Entbehrung gewöhnt, schien er zufrieden mit seinen nichts weniger als günstigen Verhältnissen. Seine jugendlich frohe Laune würzte die frugale Kost, die er mit dem Lieutenant Kapf theilte, der gleichzeitig mit ihm die Karlsschule verlassen hatte. Beide bewohnten gemeinschaftlich ein kleines Zimmer, parterre, im Hause des Professors Haug, mit welchem Schiller durch seine Beiträge zu dem Schwäbischen Magazin in einer Art von literarischer Verbindung stand.

Eine höchst wichtige Angelegenheit, die ihn längere Zeit beschäftigte, war für Schiller die Herausgabe seiner Räuber. Seinen Freunden hatte er das Manuscript zur Beurtheilung mitgetheilt. In einem noch erhaltenen Briefe richtete er an seinen Freund Petersen, den nachherigen Bibliothekar in Stuttgart, die dringende Bitte, ihm zur Herausgabe seines Schauspiels behülflich zu seyn, und dieselbe möglichst zu beschleunigen. Als den ersten und wichtigsten Grund nannte er seinen drückenden Geldmangel. Dann wünschte er aber auch das Urtheil der Welt über seine Befähigung zum Dramatiker und Schriftsteller überhaupt zu vernehmen.

Was seine Freunde über die Räuber urtheilten, schien ihm nicht gleichgültig. Er selbst hatte seinem Schauspiel, noch auf der Karlsschule, bald nach dem Entwurf des Plans, ein eigenthümliches Prognostikon gestellt durch die an seinen Freund Scharffenstein gerichtete Aeußerung: "Wir wollen ein Buch machen, das durch den Henker absolut verbrannt werden muß." Auf ähnliche Weise hatte Schiller in der Vorrede zu den Räubern sich damit zu entschuldigen gesucht: "Wer eine Copie der wirklichen natürlichen Welt und keine theatralischen Affectationen, keine Compendienmenschen liefern wolle, sei in die Notwendigkeit versetzt, Charaktere auftreten zu lassen, die das feinere Gefühl der Tugend beleidigten, und die Zärtlichkeit unsrer Sitten empörten."

Vergebens bemühte sich Schiller, für sein Schauspiel einen Verleger zu finden. Auch die Bemühungen seines Freundes Petersen hatten keinen Erfolg. Der unbemittelte Autor mußte den Druck seines Werks auf eigene Kosten veranstalten. Die dazu erforderliche Summe von 150 Gulden würde weder von ihm, noch von seinen Freunden aufzubringen gewesen seyn, wenn sich nicht eine dritte Person für die Rückzahlung eines Darlehns von jenem Belange verbürgt hätte. Ein Zögling der Karlsschule hatte sich erboten, unentgeltlich eine Vignette zu radiren, welche den Titel des Schauspiels schmücken sollte. Es war ein Löwe, mit dem die Tendenz des Stücks bezeichnenden Motto: In Tyrannos. Dies grimmige Thier, mit erhobener Vordertatze und ausgestrecktem Schweif fiel in den spätern Ausgaben der Räuber hinweg. Das Schauspiel ward auf fast durchsichtigem Papier gedruckt. Trotz der fehlerhaften Orthographie und der zahllosen Druckfehler freute sich Schiller unendlich, als er die ersten Aushängebogen empfing. Mehrere derselben sandte er, noch vor Beendigung des Drucks, dem Buchhändler Schwan in Mannheim, mit der Bitte, sein Werk auch im Auslande bekannt zu machen, und groß war Schillers Freude, als ihn Schwan schriftlich zu einer Umarbeitung seines Schauspiels für die Mannheimer Bühne aufforderte. Durch die ihm mitgetheilten Bemerkungen Schwan's fand sich Schiller veranlaßt, in den letzten Bogen der Räuber manchen zu grellen und widerlichen Ausdruck zu mildern, und die Vorrede völlig umdrucken zu lassen.

Die jugendliche Begeisterung, sein Schauspiel gedruckt zu sehen, verscheuchte dem jungen Dichter die Sorgen und mißlichen Umstände des Selbstverlags. Seine Autoreitelkeit fühlte sich geschmeichelt, als durchreisende Schöngeister, unter andern der als Pater Brey in Goethe's Jahrmarkt zu Plundersweiler verewigte Schriftsteller Leuchsenring, ihm ihren Besuch abstatteten. Leicht übersah Schiller, daß sein ärmliches Logis nichts weniger als geeignet war zur Aufnahme von Fremden, die, nach dem spätern Bericht eines seiner Jugendfreunde, selbst mitunter in schönen Equipagen gefahren kamen. In jenem nach Tabak und Allerhand riechenden Zimmer bestand das Mobiliar in einem großen Tisch und Bänken. An den Wänden hing die Garderobe, angestrichene Beinkleider u.s.w. In der einen Ecke des Zimmers lagen hohe Ballen der Räuber, und in der andern fiel das Auge auf einen Haufen Kartoffeln, mit leeren Tellern, Bouteillen u. dgl. bunt durcheinander.

Durch den Buchhändler Schwan in Mannheim war Schiller mit dem Intendanten des dortigen Theaters dem Freiherrn v. Dalberg, einem als Beförderer von Kunst und Wissenschaft allgemein geachteten Manne, in Verbindung gekommen. Auch von Dalberg ward er zu einer Umarbeitung seiner Räuber für die Mannheimer Bühne aufgefordert, die damals zu den vorzüglichsten in Deutschland gehörte. In vierzehn Tagen hoffte Schiller mit der Umarbeitung seines Schauspiels, für die ihm ein bestimmtes Honorar zugesichert worden war, fertig zu werden. Er konnte jenen ohnehin kurz anberaumten Termin um so weniger einhalten, da ihm eine in dem Regiment Auge ausgebrochene Ruhrepidemie oft von seinen poetischen Beschäftigungen abrief. Ueberdieß mußte er täglich auf der Wachtparade erscheinen und dem

General über den Zustand der Kranken in den Lazarethen Bericht abstatten. Erschwert ward ihm die Umarbeitung seines Schauspiels noch durch seine Unbekanntschaft mit den theatralischen Anforderungen und Bedürfnissen. Erst am 6. October 1781 konnte er seinen "verlornen Sohn", wie er damals die Räuber nannte, an Dalberg senden. In dem Briefe, der das Manuscript begleitete, verschwieg er nicht die unsägliche Mühe und Geistesanstrengung, die ihm die Umarbeitung der Räuber gekostet, und gestand offen, daß er in derselben Zeit ein ganz neues Stück würde haben liefern können. Schriftliche, mündliche und gedruckte Kritiken hatte er, nach seinem eignen Geständniß, auf's Sorgfältigste benutzt, den ursprünglichen Entwurf des Stücks verändert und mehrere ganz neue Scenen und Situationen hinzugefügt. Auch darüber gab er in seinem fortgesetzten Briefwechsel mit dem Freiherrn v. Dalberg hinreichende Auskunft.

Diese Correspondenz und die dadurch bedingte Beschäftigung mit seinen Räubern nahm Schillers Zeit, die ohnedieß durch seinen ärztlichen Beruf mehrfach zersplittert war, fast über seine Kräfte in Anspruch. Demungeachtet fand er noch Muße zur Herausgabe einer poetischen Blumenlese. Sie erschien unter dem Titel: "Anthologie für das Jahr 1782," nach einer Bemerkung auf dem Titel angeblich zu Tobolsko gedruckt. Durch diese Anthologie, zu welcher mehrere seiner Freunde Beiträge lieferten, wollte Schiller, wie einer derselben erzählt, den Musenalmanach "zermalmen", den der Kanzleiadvokat Stäudlin in Stuttgart, ein mittelmäßiger, doch sehr anmaßender Poet, herauszugeben beabsichtigte. Schiller mußte die Anthologie großenteils mit seinen eignen Gedichten füllen, da er unter den wenigen

Beiträgen, die er von seinen Freunden erhielt, noch eine strenge Auswahl traf, und sich dabei von allerlei Rücksichten leiten ließ. Wie bei den Räubern, verschwieg er auch auf dem Titel jener Blumenlese, wie in dem Buche selbst, seinen Namen. Mit dem Buchstaben Y unterzeichnete er die meisten seiner Gedichte, einige jedoch auch mit andern Lettern. Nur dem Gedicht "Monument Moor's, des Räubers" fügte er die Unterschrift bei: "Vom Verfasser der Räuber." Durch Feuer der Phantasie und Gluth der Empfindung zeichneten sich die von Schiller verfaßten Gedichte an Laura aus, zu denen Schillers damalige Bekanntschaft mit einer jungen Offizierswittwe in Stuttgart die nächste Veranlassung gegeben haben soll.

Während Schiller sich mit der Herausgabe seiner Anthologie beschäftigte, die vor Kurzem neu gedruckt worden, blickte er mit Sehnsucht nach dem Zeitpunkte, wo die erste Vorstellung der Räuber in Mannheim statt finden sollte. Mehrere Briefe an Dalberg schilderten seine Ungeduld, die gar keine Grenzen kannte. Dem Theaterzettel, der den 13. Januar 1782 an den Straßenecken Mannheims die Vorstellung der Räuber ankündigte, war noch eine von Schiller verfaßte Proclamation beigefügt, zu welcher der Dichter durch Dalberg veranlaßt worden war. Sie lautete. "Die Räuber—das Gemälde einer verirrten großen Seele, ausgerüstet mit allen Gaben zum Fürtrefflichen und mit allen Gaben verloren. Zügelloses Feuer und schlechte Kameradschaft verdarben Karl's Herz—rissen ihn von Laster zu Laster—bis er zuletzt an der Spitze einer Mordbrennerbande stand, Greuel auf Greuel häufte, von Abgrund zu Abgrund stürzte, in alle Tiefen der Verzweiflung.—Groß und majestätisch im Unglück und durch Unglück gebessert, zurückgeführt zum Fürtrefflichem. Einen solchen Mann wird man im Räuber Moor beweinen und hassen, verabscheuen und lieben. – Einen heuchlerischen heimtückischen Schleicher wird man entlarvt erblicken und gesprengt sehen in seinen eignen Minen. Einen allzu Schwachen, nachgiebigen Verzärtler und Vater. Die Schmerzen schwärmerischer Liebe und die Folter herrschender Leidenschaft. Hier wird man auch nicht ohne Entsetzen in die innere Wirthschaft des Lasters Blicke werfen, und aus de Bühne unterrichtet werden, wie alle Vergoldungen des Glücks den innern Wurm nicht tödten, und Schrecken, Angst, Reue und Verzweiflung hart hinter seinen Fersen sind. Der Zuschauer weine heute vor unsrer Bühne – und schaudere – und lerne seine Leidenschaften unter die Gesetze der Religion und des Verstandes beugen; der Jüngling sehe mit Schrecken dem Ende der zügellosen Ausschweifungen nach, und auch der Mann gehe nicht ohne den Unterricht aus dem Schauspiel, daß die unsichtbare Hand der Vorsicht auch den Bösewicht zu Werkzeugen ihrer Absichten und Gerichte brauche, und den verworrensten Knoten des Geschicks zum Erstaunen auflösen könne."

Aus Heidelberg, Darmstadt, Frankfurt und andern benachbarten Orten waren am 13. Januar 1782 zahlreiche Fremde zu Wagen und zu Fuß nach Mannheim geströmt, um von den Künstlern einer der vorzüglichsten Bühnen Deutschlands ein Stück darstellen zu sehen, das bereits große Sensation erregt hatte. Auf dem Theaterzettel war ausdrücklich bemerkt worden, daß man, um die Veränderung der Coulissen zu erleichtern, die fünf Acte der Räuber in sieben habe zerfallen lassen, die bis nach zehn Uhr dauerten. Um den ihnen zugetheilten Rollen zu genügen, boten die Schauspieler all' ihr Talent auf, Bök als Karl Moor, Iffland als Franz Moor, Beil als Schweizer, Beck als Kosinsky. Tieferschütternd war vor Allem die Art und Weise, wie Iffland als Franz Moor diesen Charakter auffaßte und in allen Abstufungen consequent durchführte. Selbst die äußere Erscheinung des damals kaum sechs und zwanzig Jahre alten Künstlers, sein schmächtiger Körper, sein blasses, hageres Gesicht, harmonirten mit seinem Spiel, besonders in der Scene, wo er den Traum vom jüngsten Gericht erzählte, und in der Hand die Lampe, die sein todtenbleiches Gesicht beleuchtete, zu Boden sank.

Von der mächtigen Wallung seines Schauspiels überzeugte sich Schiller, der der Vorstellung beiwohnte, durch den stürmischen Beifall der Menge. Ohne Urlaub war er heimlich nach Mannheim abgereist. Die Darstellung seines Schauspiels hatte so begeisternd auf ihn gewirkt, daß in ihm der Wunsch aufstieg, als Mitglied des Mannheimer Theaters die Bühne zu betreten. Ernstlich widerrieth ihm dies jedoch Beil, indem er äußerte, nicht als Schauspieler, wohl aber als Schauspieldichter werde er einst der deutschen Bühne zur Zierde gereichen. Die wärmsten Danksagungen über die Vorstellung der Räuber stattete Schiller in einem Briefe dem Freiherrn v. Dalberg ab. Er schloß sein Schreiben mit den Worten: "Ich glaube, wenn Deutschland einst einen dramatischen Dichter in mir findet, so muß ich die Epoche von der vorigen Woche an zählen."

Ueber sein Talent und seinen wahren Beruf schien er, nach dieser Aeußerung, zur Gewißheit gekommen zu seyn. Um so lästiger waren ihm aber jetzt seine medicinischen Geschäfte und der militärische Dienstzwang, dem er sich unterwerfen mußte. Mit tiefem Unmuth empfand er es, daß er seine ganze Kraft, seine schönsten Stunden völlig heterogenen Geschäften opfern mußte. Er sehnte sich in die Pfalz, nach Mannheim zurück, wo er eine seinen Wünschen und Neigungen mehr entsprechende Lage zu finden hoffte. Das Verlangen nach erneuter poetischer Thätigkeit regte sich in ihm immer lebhafter. Unter mehreren dramatischen Stoffen gab er einer Bearbeitung der Verschwörung des Fiesko in Genua den Vorzug. Für dieß historisch merkwürdige Ereigniß hatte er sich schon auf der Karlsschule lebhaft interessirt. Die Beschäftigung mit seinem neuen dramatischen Stoff raubte ihm die Muße zu einer ausführlichen Selbstcritik der Räuber, die er dem Freiherrn v. Dalberg versprochen hatte. Er entschuldigte sich deßhalb brieflich, und fügte die Aeußerung hinzu, daß er bereits in einem "vaterländischen Journal einige Worte über sein Schauspiel gesagt habe."

Mit diesem Journal meinte er eine Vierteljahrsschrift, unter dem Titel eines "Würtembergischen Repertoriums der Literatur", zu dessen Herausgabe er sich mit seinem ehemaligen Lehrer, dem Professor Abel und mit seinem Freunde Petersen vereinigt hatte. Von jenem Journal erschienen jedoch nur drei Stücke, die einige von Schiller herrührende und später in seinen Werken wieder abgedruckte Aufsätze enthielten, unter andern eine Abhandlung über das deutsche Theater, den "Spaziergang unter den Linden", und eine "großmüthige Handlung aus der neuesten Geschichte." Unstreitig die bedeutendste Abhandlung, die Schiller für das Würtemberger Repertorium der Literatur lieferte, war eine Selbstcritik der Räuber nach der Mannheimer Theaterausgabe. Sich selbst und seine Leistungen beurtheilte er mit einer vorurtheilsfreien Strenge, die in Bezug auf sein Talent mitunter an Geringschätzung grenzte. Reich war jene Selbstchritik besonders an psychologischen Bemerkungen, und unstreitig das Gediegenste, was bisher über sein Schauspiel gesagt worden war.

Unter diesen literarischen Beschäftigungen zog sich über seinem Haupt ein drohendes Ungewitter zusammen, das sowohl in seine schriftstellerische Thätigkeit, die ihm allein Trost und Freude gab, als auch in seine äußern Lebensverhältnisse zerstörend eingreifen zu wollen schien. Durch die größere Verbreitung war die Sensation, welche sein Schauspiel gleich Anfangs erregt hatte, noch vermehrt worden. Wegen ihrer verderblichen Wirkung auf jugendliche Köpfe hatten die Räuber zu den lebhaftesten Besorgnissen Anlaß gegeben. Der revolutionäre Inhalt des Stücks, das der bestehenden Ordnung Hohn sprach, und allen bisherigen Verhältnissen den Umsturz drohte, war es nicht allein, was jene Sensation erregte. Gesteigert ward sie noch dadurch, daß man mehrere Stellen in den Räubern als gehässige Anspielungen auf die nächsten Umgebungen, ja auf den Würtembergischen Hof selbst bezeichnete. Schillers Persönlichkeit milderte zwar einigermaßen den Inhalt seines Stücks. Als ein excentrischer Kopf hatte er sich jedoch schon in seiner Anthologie gezeigt, in mehreren dort mitgetheilten Gedichten, unter andern in einer Art von Nachahmung der Fürstengruft von Schubert, "die schlimmen Monarchen" überschrieben. Durch ein nicht mehr erhaltenes Gedicht auf den Tod eines Offiziers soll er den Herzog von Würtemberg persönlich verletzt haben, der als ein vielseitig gebildeter Fürst der Dichtkunst eigentlich nicht abhold war, doch die Richtung mißbilligte, die Schillers poetisches Talent genommen. Immer war dieser des Herzogs Liebling gewesen. Er ließ ihn daher zu sich kommen, und warnte ihn väterlich vor ähnlichen Ausschweifungen seiner Phantasie. Daß Schiller ihm seine künftigen poetischen Produkte vor dem Druck zeigen sollte, war ein Verlangen, welchem der junge Dichter nicht willfahren konnte, und seine Weigerung ward leicht begreiflicher Weise nicht gut aufgenommen.

Ein unangenehmer Vorfall kam indeß noch hinzu, um das Band, das ihn an seinen fürstlichen Gönner kettete, völlig zu lösen. Die in den beiden ersten Ausgaben der Räuber befindlichen Worte Spiegelbergs, die Schiller später unterdrückte: "Ich rathe dir, reise du in's Graubündner Land; das ist das Athen der heutigen Gauner!" hatten einen Bündner so hart verletzt, daß er sich darüber in dem Hamburger Correspondenten öffentlich beklagte. Ein Garteninspector in Ludwigsburg, Walter mit Namen, ward dadurch veranlaßt, sich zum Agenten der Bündner aufzuwerfen, und dem Herzog von Würtemberg das erwähnte Zeitungsblatt vorzulegen. In seiner Vertheidigung berief sich Schiller darauf, daß er jene Aeußerung dem Munde des gemeinen Volks in Schwaben abgelauscht habe. Er erhielt von seinem entrüsteten Landesherrn einen harten Verweis. Zugleich erging an ihn der strenge Befehl, bei Festungstrafe nichts Anderes drucken zu lassen, als was zu seinem Fach, der Medicin, gehörte. Schillers eigene Worte in der Ankündigung der späterhin von ihm herausgegebenen Zeitschrift, "die Rheinische Thalia", schildern am besten den Eindruck, den jener despotische Befehl auf ihn gemacht hatte. "In einer Epoche", schrieb er, "wo der Ausspruch der Menge unser schwankendes Selbstgefühl leiten muß, wo das warme Blut eines Jünglings durch den freundlichen Sonnenblick des Beifalls munterer fließt, tausend einschmeichelnde Ahnungen künftiger Größe seine schwindelnde Seele umgeben, und der göttliche Nachruhm in schöner Dämmerung vor ihm liegt—mitten im Genuß des ersten verführerischen Lobes, das unverhofft und unverdient aus entlegenen Provinzen mir entgegen kam, untersagte man mir in meinem Geburtsorte, bei Strafe der Festung— zu schreiben."

Den Enthusiasmus, mit welchem Schiller sich der Fortsetzung und Vollendung seines Trauerspiels: "die Verschwörung des Fiesko" widmete, hatte jener despotische Befehl nicht schwächen können. Bei den erforderlichen historischen Vorarbeiten zog er die Stuttgarter Bibliothek zu Rathe. Er fand dort mehrere schätzbare Werke, die ihm über jenes merkwürdige Ereigniß, über die Verschwörung selbst, ihren Schauplatz und ihre Zeit Aufklärung verschafften. Erst nach diesen Zurüstungen entwarf Schiller einen ausführlichen, auf Acte und Scenen berechneten Plan. Das Urtheil seiner Freunde über sein neues Stück war ihm nicht gleichgültig. Er theilte ihnen einzelne Scenen mit, um ihre Meinung zu hören.

Schon durch seine äußern, höchst ungünstigen Verhältnisse war Schiller genöthigt, auf dem einmal betretnen Wege fortzuschreiten. Auch seine Anthologie hatte er auf eigene Kosten herausgegeben. Dadurch war die noch immer nicht abgetragene Schuld, in die er durch den Druck der Räuber gerathen war, bis zu 200 Fl. vermehrt worden. Kaum zur Bestreitung der nöthigsten Bedürfnisse reichte der mäßige Gehalt, den er als Regimentsmedicus bezog. Berauscht von dem Beifall, der ihm als Dichter überall entgegen kam, überließ er sich manchen Vergnügungen, Zerstreuungen und jugendlichen Thorheiten, die seine Casse erschöpften und zugleich seiner Gesundheit schadeten. Nicht gänzlich verlor er jedoch darüber seinem Beruf aus den Augen. Er beschäftigte sich vielmehr fleißig mit einer Dissertation, die ihm zum Grade eines Doctors der Medicin verhelfen sollte.

Der Beifall, den die Räuber nach mehrmaligen Vorstellungen fanden, war so groß, daß Schiller der Lockung nicht widerstehen konnte, sein Schauspiel nochmals in Mannheim aufführen zu sehen. Er begab sich dorthin am 25. Mai 1782 in Begleitung einiger Freunde und Freundinnen, die sich lebhaft für sein Schauspiel interessirten. Von dem Herzog von Würtemberg, der auf kurze Zeit verreist war, hatte er keinen Urlaub nehmen können. Begeistert von dem Eindruck und der Wirkung seines Schauspiels, doch zugleich schmerzlich ergriffen von dem Gedanken an die Fesseln, die die Kräfte seines Geistes lähmten, kehrte er nach Stuttgart zurück. Sein Unmuth ward noch vermehrt durch physische Leiden. Ein an Dalberg gerichteter Brief vom 4. Juni 1782 schilderte seine trübe Stimmung und trostlose Lage. "Noch bin ich wenig oder nichts", schrieb er. "In diesem Norden des Geschmacks werde ich ewig niemals gedeihen, wenn mich sonst glücklichere Sterne und ein griechisches Klima zum wahren Dichter erwärmen würden."

Dringend legte er dem Freiherrn v. Dalberg in jenem Briefe die Bitte an's Herz, sich für ihn zu verwenden bei dem Herzog von Würtemberg, und es dahin zu bringen, daß er seiner Dienste entlassen und ihm erlaubt werden möchte, seinen bisherigen

Aufenthalt in Stuttgart mit dem in Mannheim zu vertauschen. Mit wachsender Ungeduld sah er einer Antwort Dalbergs von Tage zu Tage entgegen. Sie blieb aus. Dagegen zog sich ein neues Ungewitter über dem Haupte des Dichters zusammen. Daß er ohne Urlaub den 25. Mai 1782 nach Mannheim gereist, war nicht verborgen geblieben. Durch seinen Chef, den General Auge, erfuhr es der Herzog. Schiller mußte vor seinem Landesherrn erscheinen, der höchst entrüstet ihm sein Betragen aufs strengste verwies. Ein vierzehntägiger Arrest war die Strafe seines Dienstvergehens. Dadurch fühlte sich Schillers Ehrgeiz tief gekränkt. Er würde vielleicht sofort seinen Abschied genommen haben, wenn ihn nicht die Dankbarkeit an den Herzog gefesselt hätte. Von einem solchen Schritt ward Schiller jedoch auch durch seine kindliche Liebe abgehalten. Seiner Eltern Schicksal lag in den Händen seines Fürsten, und es konnte durch jenen Schritt vielleicht eine schlimme Wendung nehmen.

In seiner trüben Stimmung erinnerte sich Schiller an den unglücklichen Dichter Schubart, der seine Freimüthigkeit mit einer strengen Haft auf der Festung Hohenasberg büßte. Ihn selbst konnte ein gleiches Schicksal treffen. Dringend ersuchte er daher in einem Briefe vom 15. Juli 1782 den Freiherrn von Dalberg, wenn sich für ihn zum Aufenthalt in Mannheim noch Aussichten zeigten, dieselben möglichst zu beschleunigen. Er wäre, schrieb er, außerdem gezwungen, einen Schritt zu thun, der es ihm unmöglich machen würde, in Mannheim zu bleiben. Vierzehn Tage wartete er vergebens auf eine Antwort. In seiner trostlosen Stimmung vermochten ihn weder seine Freunde, noch die Beschäftigung mit seinem neuen Trauerspiel zu erheitern. Nichts schien für ihn Reiz zu haben. Mit entschiedener Abneigung betrieb er seine medicinische Praxis, die ihm durch einige kühne, aber mißlungene Curen völlig verleidet worden war. In seiner früher erwähnten anonymen Selbstcritik der Räuber hatte er über den Verfasser jenes Schauspiels geäußert: "Er soll ein Arzt bei einem Würtembergischen Grenadier-Bataillon seyn, und wenn das so ist, so macht es dem Scharfsinn seines Landesherrn Ehre. So gewiß ich sein Werk verstehe, so muß er starke Dosen in Emeticis eben so sehr lieben, als in Aestheticis, und ich möchte ihm lieber zehn Pferde, als meine Frau zur Cur übergeben."

Die Idee, dem Herzog Vorstellungen zu machen gegen den erlassenen Befehl, verwarf Schiller nach reiflicher Ueberlegung. Ein solcher Schritt konnte leicht neue Vorwürfe oder Strafen über ihn verhängen. Er entschloß sich zu einer abermaligen heimlichen Reise nach Mannheim. Von dort aus wollte er in einem Schreiben seinem Landesherrn vorstellen, wie durch das erlassene Verbot seine ganze Existenz vernichtet worden. In Mannheim hoffte er als Theaterdichter angestellt zu werden. Diese Stadt wollte er daher, wenn kein Widerruf des herzoglichen Befehls erfolgte, zu seinem künftigen Wohnsitz wählen. Ueberall beobachtet in seinen Schritten, hielt er es für bedenklich, mehreren Freunden seinen Entschluß zu vertrauen. Nur einem einzigen konnte er mit Sicherheit sein Herz öffnen. Mit einer Hingebung und Aufopferung, die an Schwärmerei grenzte, hing Johann Andreas Streicher an ihm, ein geborner Stuttgarter, der sich der Musik widmete, und dessen Bekanntschaft Schiller vor ungefähr achtzehn Monaten gemacht hatte. Zwischen ihm und Streicher hatte sich bald das innigste Freundschaftsverhältniß gebildet. Sie sahen sich fast täglich, und ein unumschränktes Vertrauen fesselte sie an einander. Schillers unglückliche Lage war der immer wiederkehrende Hauptgegenstand ihrer Gespräche.

Den vorhin erwähnten Plan einer heimlichen Entfernung nach Mannheim hatte Schiller, außer seinem Freunde, auch seiner ältesten Schwester Christophine mitgetheilt. Sie hatte nichts dagegen einzuwenden gehabt. Auch Schillers Mutter war in das Geheimniß gezogen worden. Sein Vater dagegen wußte nichts von der Sache. Beschleunigt ward die Reise durch den Umstand, daß Streicher, der im Frühjahr 1783 nach Hamburg gehen wollte, um dort unter Bach's Leitung sich in der Musik zu vervollkommnen, mit Zustimmung seiner Mutter sich schon jetzt zu jener Reise entschloß, um seinen Freund begleiten zu können.

Erst nach Vollendung seines neuen Trauerspiels, der "Verschwörung des Fiesko", konnte Schiller jedoch seinen Entschluß ausführen. Kaum bis zur Hälfte war jene Tragödie vollendet, aller Anspannung seines Geistes ungeachtet. Um seine Arbeit zu beschleunigen, brachte er oft die Nächte schlaflos zu. Von der Außenwelt halte er sich fast gänzlich zurückgezogen. Schon zu Anfange des August 1782 waren in Stuttgart, Hohenheim, Ludwigsburg u. a. Orten mehrfache Anstalten getroffen worden zum Empfang des russischen Großfürsten (nachherigen Kaisers) Paul und seiner Gemahlin, einer Nichte des Herzogs von Würtemberg. Unter den benachbarten Fürsten und unzähligen Fremden, die in der ersten Hälfte des Septembers in Stuttgart eintrafen, befand sich auch der Freiherr v. Dalberg, den Schiller besuchte, ohne ihm jedoch etwas von seinem Vorhaben zu entdecken. Außer Streicher begleitete ihn die Gattin des Mannheimer Theaterregisseurs Meier, die ebenfalls in Stuttgart angelangt war, als sich Schiller nach der Solitude begab, um seine Eltern noch einmal zu sehen und besonders seine sehr um ihn besorgte Mutter zu trösten. Schillers Vater entwarf eine sehr ausführliche Beschreibung von den Festlichkeiten, die auf der Solitude statt finden sollten, und unterbrach auf diese Weise das oft stockende Gespräch. Als Schiller, der sich unbemerkt mit seiner Mutter entfernt hatte, wieder zurückkam, schien er in sich gekehrt, und die Feuchtigkeit und Röthe seiner Augen verrieth, wie schwer ihm der Abschied von seiner Mutter geworden war. Etwas heiterer ward er erst, als er wieder nach Stuttgart zurückgekehrt war.

Mit seinem Freunde Streicher war er überein gekommen, daß sie den 17. September ihre Reise nach Mannheim antreten wollten. Sie hatten absichtlich jenen Tag gewählt, weil an demselben, wie Schiller auf der Solitude erfahren, eine große Hirschjagd, theatralische Vorstellungen und eine prachtvolle Illumination statt finden sollten. Daß das Regiment, bei welchem Schillers Vater stand, an jenem Tage nicht die Wache hatte, befreite die beiden Freunde zugleich von der Besorgnis, unter den Stadtthoren Soldaten zu treffen, denen Schiller bekannt war. Die Nacht vor seiner Abreise brachte Schiller bei seinem Freunde Scharffenstein auf der Wache zu. Den folgenden Tag, Morgens um neun Uhr, sollte alles bereit seyn, was an Kleidern, Wäsche, Büchern u. s. w. aus Schillers Wohnung noch in Streichers Haus geschafft werden sollte. Dort wollten die Freunde abfahren.

Nicht das Mindeste fand jedoch Streicher vorbereitet, als er am andern Morgen in Schillers Wohnung sich pünktlich einfand. Dieser war vielmehr beschäftigt, ein Gegenstück zu einer Klopstock'schen Ode zu dichten. Streicher mußte, so sehr er auch zur Eile trieb, zuerst diese Ode und dann das Gegenstück anhören. Es dauerte lange, ehe Schiller aus seiner idealen Welt wieder in die wirkliche zurückkehrte. Durch Anschaffung der nöthigsten Kleidungsstücke und anderer unentbehrlicher Dinge war seine Casse so erschöpft worden, daß sie nur aus 23 Fl. bestand. Nicht viel mehr besaß Streicher. Indeß glaubten beide mit dieser Summe bis nach Mannheim zu kommen und dort einige Tage damit auszureichen. Von seiner Mutter, obgleich sie nicht vermögend war, hoffte Streicher noch nachgeschickt zu erhalten, was er zu seiner Reise nach Hamburg brauchte.

Mit zwei alten Pistolen unter seinem Civilkleide, die er Sicherheits halber mitgenommen, trat Schiller am 17. Sept. 1782 Abends neun Uhr in Streichers Wohnung. Es hatte zehn Uhr geschlagen, als der Wagen, in welchem die Freunde saßen, mit zwei Koffern und einem kleinen Clavier für Streicher bepackt, zum Eßlinger Thor hinausfuhr. Dieß Thor war eins der dunkelsten, war jedoch aber auch deßhalb gewählt worden, weil Schiller erfahren, daß dort einer seiner vertrautesten Freunde die Wache hatte, durch dessen Dazwischenkunst etwaige Hindernisse leicht beseitigt werden konnten. Schiller nannte sich am Thor Doctor Ritter, und Streicher gab sich für einen Doctor Wolf aus. Eßlingen ward als Reiseziel angegeben. Die Freunde mußten den Weg um die Stadt einschlagen, der sie auf die Straße nach Ludwigsburg führte. Schiller war in sich gekehrt und wechselte wenig Worte mit seinem Begleiter. Das hoch gelegene Lustschloß Solitude, von welchem sie ungefähr anderthalb Stunden entfernt seyn mochten, mit seinen weitläufigen Nebengebäuden prachtvoll erleuchtet, zeigte sich in einem herrlichen Feuerglanze. "O meine Mutter!" rief Schiller, auf den Punkt hindeutend, wo seine Eltern wohnten. Ueberwältigt von wehmüthigen Gefühlen, sank er mit einem halb unterdrückten Seufzer auf seinen Sitz zurück.

Beim Caffee, den die Freunde in Enzweihingen, wo gerastet werden sollte, einnahmen, recitirte Schiller aus einem Heft ungedruckter Gedichte des unglücklichen Schubart einige der bedeutendsten, unter andern "die Fürstengruft", die ihn bei seinem früher erwähnten Gedicht: "die schlimmen Monarchen" zum Muster gedient hatte. Das erhebende Gefühl, drückende Fesseln von sich abgeschüttelt zu haben, und der feste Vorsatz, sich nie wieder einem ähnlichen Zwange zu unterwerfen, bemächtigte sich Schillers, als eine kleine Pyramide, die sie um acht Uhr Abends erreichten, ihn und seinen Freund überzeugte, daß sie sich an der churpfälzischen Grenze befanden. Schiller machte seinen Reisegefährten auf die blau und weiß angestrichenen Pfähle aufmerksam. Eben so freundlich, wie diese Pfähle, meinte er, sei der Geist der Landesregierung. Ein politisches Gespräch knüpfte sich an diese Bemerkung, und die Zeit entschwand darüber den Freunden so schnell, daß sie sich wunderten, als sie um zehn Uhr schon in Bretten ankamen. Dort ward der Stuttgarter Wagen zurückgeschickt. Mit der Post fuhren die Freunde über Waghäusel nach Schwetzingen. Die Thore der Stadt Mannheim, die damals noch eine Festung war, konnten sie vor dem hereinbrechenden Dunkel nicht mehr erreichen. Sie mußten daher in Schwetzingen übernachten.

Am folgenden Tage, den 19. Sept., waren die Freunde schon früh Morgens beschäftigt, die besten Kleidungsstücke aus den Koffern hervorzuholen, um in Mannheim nicht gar zu dürftig zu erscheinen. Seine ziemlich erschöpfte Börse hoffte Schiller durch sein neues Trauerspiel: "die Verschwörung des Fiesko", wieder einigermaßen zu füllen. Ihm schien außer Zweifel, daß die Theaterdirection sich beeilen werde, auch dieß zweite Stück anzunehmen. Mit der Hoffnung eines nicht ganz unbedeutenden Honorars trat er in die Wohnung des Theaterregisseurs Meier, der sich höchlich verwunderte über seine Ankunft zu einer Zeit, wo in Stuttgart so viele Festlichkeiten und Lustbarkeiten statt fanden. Aus Schillers Munde erfuhr er, daß er als Flüchtling vor ihm stehe, und Meier verschaffte ihm und seinem Freunde sofort in dem menschenleeren Mannheim eine Wohnung. Es geschah auf seinen Rath, als sich Schiller entschloß, noch denselben Tag an den Herzog von Würtemberg zu schreiben, und ihn um Aufhebung des Befehls zu bitten, keine andern als medicinische Schriften drucken zu lassen. Er stellte seinem Landesherrn vor, wie seine geringe Besoldung und die große Concurrenz von Aerzten in Stuttgart ihn nöthige, durch poetische Arbeiten seine Einkünfte zu vermehren. Zugleich bat er um die Erlaubniß, jährlich auf kurze Zeit in's Ausland reisen zu dürfen. Von dem fürstlichen Versprechen, daß ihm sein unregelmäßiger Dienstaustritt verziehen werde, machte Schiller seine Rückkehr nach Stuttgart abhängig. In einem besondern Briefe ersuchte er seinen Regimentschef, den General Augè, das von ihm entworfene Schreiben dem Herzog zu übergeben, um durch seinen Einfluß sein Gesuch zu unterstützen.

Die Gattin des Theaterregisseurs Meier war unterdeß wieder von Stuttgart nach Mannheim zurückgekehrt. Sie erzählte, wie Schillers Entfernung in Stuttgart sogleich bekannt geworden, und wie sich dort ein allgemeines Gerücht verbreitet, daß der Herzog Schillers Auslieferung verlangen werde. Schiller tröstete sich zwar damit, daß er kein eigentlicher Soldat sei, und daß auf ihn die bei der Desertion übliche Strafe nicht angewendet werden könnte. Indeß gebrauchte er doch die Vorsicht, die ihm seine Freunde empfahlen. Er zeigte sich an keinen öffentlichen Orten, sondern beschränkte sich auf seine und Meiers Wohnung.

Aus dem Briefe des Generals Augè, den Schiller einige Tage später erhielt, war nicht deutlich zu ersehen, ob der Herzog zu Erfüllung seiner Wünsche geneigt sei. Der General entledigte sich in seinem Schreiben blos des von seinem Fürsten ihm gewordenen Auftrags mit den Worten: "Da Se. Durchlaucht bei Anwesenheit der hohen Verwandten jetzt sehr gnädig wären, so möge Schiller nur zurückkehren." Auch ein zweiter Brief des Generals, den Schiller um eine nähere Erklärung gebeten hatte, enthielt nichts anderes, als einen ähnlichen lakonischen Bescheid. Unter diesen Umständen wagte Schiller, selbst wenn es mit seiner Ehre verträglich gewesen wäre, nicht wieder nach Stuttgart zurückzukehren. Er zog es vor, einer ungewissen Zukunft entgegen zu gehen und mit Noth und Mangel zu kämpfen, ehe er sich wieder einem Joch unterwarf, das ihn so hart gedrückt hatte.

Gleich am ersten Abend nach seiner Ankunft in Mannheim war Schillers "Verschwörung des Fiesko" durch Streicher dem Theaterregisseur Meier als ein dramatisches Product geschildert worden, das den Räubern in keiner Hinsicht nachstände, ja dieß Schauspiel noch überträfe. Schiller, um Mittheilung seines Manuscripts ersucht, erbot sich, dasselbe in einem größern Kreise vorzulesen, der aus den bedeutendsten Mitgliedern der Mannheimer Bühne bestand. Unter ihnen befanden sich Iffland, Böck, Beil u. A. An einem bestimmten Tage versammelten sie sich Nachmittags in Meiers Wohnung, mit gespannten Erwartungen von dem neuen Product eines Dichters, dem sie ihre tiefste Verehrung auszudrücken suchten. Schiller begann seine Vorlesung, nachdem er einen historischen Umriß und eine Erklärung der in seinem Trauerspiel auftretenden Personen vorangeschickt hatte.

Das neue Stück brachte indeß eine ganz andere Wirkung hervor, als Schiller erwartet haben mochte. Ungeachtet der Aufmerksamkeit und Stille, die unter seinen Zuhörern herrschte, war kein Ausdruck von Empfindung, nicht das geringste Zeichen des Beifalls sichtbar geworden, als Schiller bereits den ersten Act seines Trauerspiels beendet hatte. In der eintretenden Pause unterhielten sich die Schauspieler über das historische Factum; über die dramatische Bearbeitung entschlüpfte ihnen kein Wort. Kein höheres Interesse, als der erste Act, schien der zweite zu erregen. Die Gleichgültigkeit der Zuhörer zeigte sich dadurch, daß sie, als einer von ihnen, um die Zeit zu verkürzen, ein Bolzenschießen in Vorschlag brachte, noch vor beendeter Vorlesung sich nach und nach entfernten. Schiller, sichtbar verstimmt, nahm zeitig Abschied, ließ jedoch das Manuscript des Fiesko dem Theaterregisseur Meier zurück, der ihn darum gebeten hatte, um den Ausgang des Stücks kennen zu lernen.

Schiller irrte sich, als er die kalte Aufnahme seines Werks dem Unverstand, dem Neid und der Kabale der Schauspieler beimaß. Durch seinen schwäbischen Dialect und seine hochtrabende Declamation hatte das neue Trauerspiel seine Wirkung auf die Zuhörer verfehlt. Sein anfänglich ungünstiges Urtheil über das Stück änderte Meier, als er es mit Aufmerksamkeit gelesen hatte. Er nannte den Fiesko eine sehr gelungene Tragödie, die nächstens vorgestellt zu werden verdiene.

Getrübt wurden diese frohen Aussichten für Schiller wieder durch Briefe, die er von seinen Stuttgarter Freunden erhielt. Sie äußerten die Besorgnis, daß der Herzog von Würtemberg die churpfälzische Regierung auffordern werde, den Flüchtling auszuliefern. Wohlmeinend riethen sie ihm daher, Mannheim schleunig zu verlassen. Schiller entschloß sich, mit Streicher über Darmstadt nach Frankfurt zu reisen. Die Casse der beiden Freunde reichte nicht hin, einen Wagen zu bezahlen. Sie wanderten daher über die Neckarbrücke nach Sandhofen. Gegen sechs Uhr Abends erreichten sie Darmstadt, nachdem sie in einem Dorfe übernachtet hatten. Ihren Schlaf störte um Mitternacht das furchtbare Trommeln der Reveille. Als Schiller am andern Morgen mit seinem Freunde den Weg nach Frankfurt einschlug, nahm seine Ermattung so bedeutend zu, daß er sich in einem Wäldchen ins Gras legte, um sich durch einen kurzen Schlaf zu stärken. Die Abenddämmerung war bereits eingetreten, als die beiden Freunde

Frankfurt erreichten. In der Vorstadt Sachsenhausen quartirten sie sich ein.

Schillers Kummer über seine hülflose Lage ward noch durch einen besondern Umstand vermehrt. Er erfuhr, daß dem edelmüthigen Manne, der sich wegen seiner Schuld von 200 Fl. für ihn in Stuttgart verbürgt hatte, Gefahr drohte, von dem besorgten Gläubiger verhaftet zu werden. Nach langem Zögern und nicht ohne innern Kampf entschloß sich Schiller, an den Freiherrn v. Dalberg zu schreiben, der das Manuscript des "Fiesko" aus Meiers Händen empfangen hatte. Sein früherer Trübsinn schien wieder einigermaßen gewichen, als Schiller dieß Schreiben, in welchem er um einen Vorschuß von 200 Fl. bat, mit einer an Meier addressirten Beilage an Dalberg abgesandt hatte. Ein Spaziergang über die Mainbrücke erheiterte ihn. Sein Geist erhielt eine andere Richtung, als er das geschäftige Treiben der Kaufleute betrachtete. Mehrere dramatische Entwürfe traten vor seine Seele. Mit besonderem Interesse ergriff er wieder eine Idee, die schon auf dem Wege von Mannheim nach Sandhofen und von da nach Darmstadt ihn lebhaft beschäftigt hatte. Es war der Entwurf zu einem bürgerlichen Trauerspiel, das "Luise Millerin" heißen sollte, späterhin aber von Schiller "Cabale und Liebe" genannt ward. Der Beifall, den v. Gemmingen's "deutscher Hausvater" und andere dramatische Familiengemälde damals auf der Bühne gefunden hatten, ward für Schiller die Veranlassung, sich ebenfalls in dieser Gattung zu versuchen.

In kaum vierzehn Tagen hatte er schon mehrere Scenen seiner neuen Tragödie vollendet. Seine traurige Lage entfernte ihn selten aus seinem Ideenkreise. Es gab Stunden, wo er, für die Außenwelt fast gar nicht vorhanden, sich blos den Eingebungen seiner Phantasie überließ. In solchen Augenblicken, die sich durch seine ausdrucksvolle Miene, durch sein lebhaftes Gebehrdenspiel und seinen empor gerichteten Blick kund gaben, hielt sich Streicher von seinem Freunde mit einer Art von heiliger Scheu so viel als möglich entfernt, um ihn in keiner Weise zu stören.

Einen angenehmen Eindruck machte auf Schiller die Anerkennung seines Talents, als er beim Eintritt in einen Frankfurter Buchladen nach dem Absatz der "Räuber" und nach dem Urtheil des Publikums über dieß Stück sich erkundigte, und über beides eine höchst günstige und schmeichelhafte Antwort erhielt. Er war davon so überrascht, daß er, ungeachtet er sich dem Buchhändler als Doctor Ritter vorgestellt hatte, das Geständniß nicht zurückhielt: er sei der Verfasser der Räuber.

Abermalige Briefe, die er von seinen Stuttgarter Freunden erhielt, empfahlen ihm, wegen der großen Sensation, die sein Verschwinden erregt, die äußerste Vorsicht und weckten dadurch in ihm allerlei neue Besorgnisse. In die trostloseste Stimmung versetzte ihn Meiers Schreiben. Er berichtete, daß Dalberg sich zu keinem Vorschuß verstehen wolle, bevor das neue Trauerspiel erst umgearbeitet worden sei. In der jetzigen Gestalt sei es für die Bühne unbrauchbar. Nicht einmal einige Zeilen von Dalbergs Hand milderten diese kalte abschlägliche Antwort, die mit der frühern Theilnahme jenes Mannes an Schillers Schicksal in dem auffallendsten Contraste stand. Immer überließ sich Schiller noch der Hoffnung, daß die Mannheimer Theaterdirektion sein Trauerspiel annehmen werde. Sein Aufenthalt in Frankfurt war jedoch so kostspielig, daß er für rathsam hielt, sich in die Gegend von Mannheim zu verfügen. Dort glaubte er im äußersten Nothfall auf Schwans und Meiers Unterstützung rechnen zu können.

Um seine geringe Baarschaft etwas zu vermehren, entwarf er ein ziemlich langes Gedicht, das leider verloren gegangen. Es führte die seltsame Ueberschrift: "Teufel und Amor." Mißmuthig kehrte er jedoch mit diesem poetischen Product wieder in seine Wohnung zurück, als ein Frankfurter Buchhändler, welchem er sein Gedicht verkaufen wollte, ihm statt der verlangten fünf und zwanzig Gulden nur achtzehn bot. Glücklicherweise befreite ihn eine kleine Summe, die Streicher seiner Mutter verdankte, von dem augenblicklichen, sehr drückenden Geldmangel. Mit dem Marktschiffe fuhren die Freunde nach Mainz. Den Weg nach Worms setzten sie am nächsten Tage zu Fuße fort. Kurz vor seiner Abreise hatte Schiller an den Theaterregisseur Meier in Mannheim geschrieben. Sein Brief enthielt die Bitte, ihm einen Ort zu bestimmen, wo sie sich sprechen könnten.

Diese Zusammenkunft fand in Oggersheim statt, in einem Wirthshause, der Viehhof genannt. Den trostlosen Dichter suchte Meier durch die Aussicht zu beruhigen, daß sein Trauerspiel mit einigen Abkürzungen sicher auf die Bühne gebracht werden dürfte. Schiller erklärte sich sofort zur Umarbeitung seines Stücks bereit, ohne die geringste Empfindlichkeit zu verrathen, daß ihn Dalberg so bitter getäuscht. Er entschloß sich, einige Wochen in Oggersheim zuzubringen. Rathsam schien ihm dieß auch schon wegen der Gefahr der Auslieferung, die ihm nach den Briefen seiner Stuttgarter Freunde drohte.

Dem Wirth im Viehhof, bei welchem er gemeinschaftlich mit Streicher Kost und Logis für den Tag bedungen hatte, nannte er sich Doctor Schmidt.

Statt indeß, wie er dem Theaterregisseur Meier versprochen hatte, die Umarbeitung des "Fiesko" sogleich anzufangen, beschäftigte ihn sein früher erwähntes bürgerliches Trauerspiel, die "Luise Millerin." In den nächsten acht Tagen hatte er kaum sein Zimmer verlassen. Abends ging er nachsinnend in dem oft nur vom Mondlicht erhellten Zimmer auf und ab. Angenehm war es ihm dann, wenn das Clavierspiel seines Freundes Streicher durch bald lebhafte, bald melancholische Töne die Gefühle in ihm aufregte, durch die sein Trauerspiel rühren und erschüttern sollte. Bei den darin auftretenden Personen ließ er die Individualität der Mannheimer Schauspieler nicht unberücksichtigt. Beck's Gattin, eine der liebenswürdigsten Künstlerinnen, sollte die Rolle der Luise übernehmen. Von dem Schauspieler Beil als Stadtmusikus Miller erwartete Schiller eine recht naive und drollige Auffassung dieses Charakters. Eine großartige Wirkung versprach er sich von dem Wechsel der komischen und tragischen Scenen in seinem Stück. Er interessirte sich für seinen neuen dramatischen Stoff so lebhaft, daß die Umarbeitung des "Fiesko" dadurch in den Hintergrund gedrängt ward.

Bei diesem republikanischen Trauerspiel, wie er es nannte, hatte er ohnedieß mit manchen Schwierigkeiten zu kämpfen, besonders hinsichtlich der noch unvollendeten Katastrophe. Er schwankte, ob er dem historischen Factum, nach welchem Fiesko durch einen Zufall in den Wellen seinen Tod fand, in seiner dramatischen Bearbeitung treu bleiben sollte.

Beschleunigen mußte er jedenfalls seine Arbeit. Seine Lage drängte ihn dazu. Er bedurfte aber auch der Zerstreuung, und fand sie, wenn er dann und wann seine Freunde in Mannheim besuchte. Gewöhnlich übernachtete er dort. Aber auch in Oggersheim, wo es ihm nicht sonderlich gefiel, verhalf ihn der Zufall zur Bekanntschaft mit dem dortigen Kaufmann Derain, einem vielseitig gebildete Manne. Zwischen ihm und Schiller bildete sich ein Freundschaftsverhältniß, und trauliche Gespräche verkürzten dem Dichter auf diese Weise die trüben und neblichten Abende, die mit dem Anfang des November eintraten.

In einem Briefe, den er am 6. des genannten Monats an seine Schwester Christophine schrieb, schilderte er ihr seine gegenwärtige Lage und Stimmung. Er entwarf in seinem Schreiben zugleich seinen Lebensplan für die nächste Zukunft. Seinen Aufenthalt in Oggersheim wollte er mit Berlin vertauschen, wo er, wie er äußerte, mit bedeutenden Empfehlungen versehen, sich eine ziemlich gesicherten Subsistenz als Schriftsteller zu gründen hoffte. Mit zarter Schonung, um seine Schwester nicht zu beunruhigen, hatte er in jenem Briefe seine Lage, so drückend sie auch war, in dem günstigsten Lichte dargestellt. Durch allerlei weit ausschweifende Entwürfe für die nächste Zukunft hatte er die um ihn besorgte Schwester zu trösten gesucht. Keiner von diesen Entwürfen ward jedoch realisirt, und die Reise nach Berlin, wo er sein Glück zu machen hoffte, ward wieder aufgegeben.

Mit dem in's Reine geschriebenen Manuscript seiner Umarbeitung des Fiesko begab sich Schiller in der Mitte des November nach Mannheim, wo er sein

Trauerspiel dem Theaterregisseur Meier übergab. Vergebens wartete er jedoch eine ganze Woche auf eine Antwort Dalbergs, die ihm in den nächsten Tagen versprochen worden war. Dadurch beunruhigt, entschloß er sich den 16. November 1782 an ihn selbst zu schreiben. In diesem Briefe, dem ersten, den er nach seiner Rückkehr aus Frankfurt an ihn richtete, meldete er zugleich, "daß er im Viehhof zu Oggersheim unter dem Namen Schmidt logire," woraus hervorzugehen schien, daß Dalberg bisher gar keine Notiz von ihm genommen.

Um einige Auskunft zu erhalten, was er von seinem Trauerspiel zu erwarten habe, begab sich Schiller, von Streicher begleitet, nach Mannheim in Meiers Wohnung. Dieser empfing ihn mit sichtbarer Bestürzung. Ein württembergischer Offizier, erzählte Meier, habe sich bei ihm sehr angelegentlich nach Schiller erkundigt, doch von ihm den Bescheid erhalten, daß ihm Schillers gegenwärtiger Aufenthalt gänzlich unbekannt sei. Bald nach diesem Bericht klingelte die Hausthür. Schiller verbarg sich mit Streicher in einem Cabinet, das durch eine Tapetenthür von dem Wohnzimmer getrennt war. Der Ankömmling war ein Hausfreund, der die wiederholten Erkundigungen des Offiziers, den er auf dem Caffeehause gesprochen, bestätigte, über die Uniform und Gestalt desselben jedoch nur unbestimmte Schilderungen entwarf, nach denen man auf keine bestimmte Person schließen konnte.

Meier war sehr besorgt um seine beiden Freunde, die, nachdem sie ihren Schlupfwinkel verlassen, noch einige Mal durch neue Ankömmlinge dahin zurückgescheucht wurden. In Mannheim zu übernachten, schien für Schiller und Streicher ebenso gefährlich, als nach Oggersheim zurückzukehren. Meier selbst konnte sich allerlei Verdruß und Unannehmlichkeiten zuziehen, wenn es der Zufall fügte, daß der Verfolgte in seiner Wohnung gefunden ward. Mit lebhaftem Dank ergriffen daher die beiden Freunde das Anerbieten einer Madame Curioni, in dem Palais des Prinzen von Baden, das unter ihrer Aufsicht stand, zu übernachten. Die prachtvollen, mit kostbaren Gemälden und Kupferstichen geschmückten Zimmer eines Fürsten, die sie jetzt betraten, bildeten einen auffallenden Contrast mit ihrem ärmlichen Logis in Oggersheim.

Mit Anbruch des Tages wagte sich Streicher in Meiers Wohnung, um dort nähere Erkundigungen über den Fremden einzuziehen, der sich so angelegentlich nach Schiller erkundigt hatte. Durch einen ihm bekannten Secretär des Ministers, Grafen von Oberndorf, hatte Meier bereits am frühen Morgen erfahren, daß jener Offizier keine Aufträge von der Regierung gehabt habe. Auch war derselbe nach dem Meldezettel des Gastwirths, bei dem er logirt, schon am Abend wieder abgereist. Späterhin erfuhren die Freunde durch einen von Schillers Vater den 8. December 1782 an den Buchhändler Schwan in Mannheim gerichteten Brief, daß der Offizier, der sich so angelegentlich nach Schiller erkundigt, einer seiner Jugendfreunde, der Lieutenant Kosewitz gewesen sei, der ihn auf seiner Durchreise hatte besuchen wollen.

Beruhigt durch die Nachrichten, die ihm Streicher mitgetheilt, verließ Schiller das glänzende Palais, das ihm zum Asyl gedient hatte. Mit dem Theaterregisseur Meier besprach er ausführlich seine in mehrfacher Hinsicht unsichere und bedenkliche

Lage. War auch seine Besorgnis grundlos gewesen, so drohte ihm bei einem längern Aufenthalt in Mannheim doch immer Gefahr, so gern er auch, des Theaters wegen, noch einige Zeit dort geblieben wäre.

Längst hatte er mit Sehnsucht die Entscheidung über sein umgearbeitetes Trauerspiel erwartet. Er sah sich abermals in allen seinen Hoffnungen getäuscht, als er den kurzen Bescheid erhielt, daß die "Verschwörung des Fiesko" auch in ihrer jetzigen Gestalt für die Bühne nicht brauchbar sei, folglich von der Theaterdirection nicht angenommen, und auch nichts dafür vergütet werden könnte. Keine Aussicht zeigte sich für Schiller, als er jenes Schreiben gelesen, seine traurige Lage auch nur einigermaßen zu erleichtern. Zwei Monate lang hatte er nutzlos Zeit und Kräfte aufgeopfert, ohne durch Entbehrungen jeder Art seinem Schicksal eine andere Wendung geben zu können. Auf's Bitterste sah er sich getäuscht durch einen Mann, den er bisher für seinen Gönner gehalten. Mit leerer Börse, wie er vor zwei Monaten sein Vaterland verlassen, ließ ihn der reiche Freiherr von Dalberg wieder aus Mannheim gehen. Durch conventionelle Rücksichten war vielleicht Dalberg abgehalten, einen entscheidenden Schritt für Schiller zu thun, der gleichsam ein politischer Flüchtling aus einem befreundeten Nachbarstaate war. Er mußte ihn möglichst von sich entfernt halten, um sich nicht bei dem Herzog von Würtemberg zu compromittiren. Um so großartiger war die Fassung, womit Schiller die engherzige Gesinnung und unwürdige Behandlung seines scheinbaren Gönners ertrug, der, ohne auf den Namen eines Beschützers der Künste Verzicht zu leisten, den Dichter nicht geradezu von sich weisen konnte.

Mehr wahrhafte Theilnahme an seinem harten Schicksal regte sich in einem weiblichen Herzen. In der Karlsschule war er mit Wilhelm von Wolzogen und dessen drei Brüdern, und durch diese auch mit ihrer Mutter bekannt geworden. Von dieser hochherzigen Frau hatte Schiller, als er ihr den Entschluß seiner Flucht mitgetheilt, das Versprechen erhalten, ihm auf ihrem in Meiningen gelegenen Gute Bauerbach ein sicheres Asyl zu gewähren, wenn der Herzog von Würtemberg Schritte thun sollte zur Verfolgung des Flüchtlings. An jene edle Frau, die oft in Stuttgart verweilte, hatte er sich gewandt, und fand sich in seinen Erwartungen nicht getäuscht.

Seine Verhältnisse waren so drückend, daß er den Augenblick, in eine einigermaßen sorgenfreie Lage gesetzt zu werden, beschleunigen mußte. Aus Noth hatte er seine Uhr verkaufen müssen. Die eilf Louisd'or, die er von dem Buchhändler Schwan in Mannheim für sein dem Professor Abel gewidmetes Trauerspiel: "Die Verschwörung des Fiesko," erhalten, hatten kaum hingereicht, die seinem Hauswirth schuldige Summe zu tilgen, bei dem er eine Zeitlang auf Borg gelebt. Er mußte sich aber auch mit den unentbehrlichsten Kleidungsstücken für den Winter versehen, um die Reise nach Bauerbach antreten zu können.

Aus Worms, wohin sie ihn von Oggersheim aus begleitet hatten, kehrten Streicher, Meier und einige andere Freunde Schillers wieder nach Mannheim zurück. Der Abschied von seinem treuen Streicher ward ihm dadurch erleichtert, daß er dessen Gesellschaft schon einige Zeit hatte entbehren müssen, weil Streicher, um seinem Broderwerb nachzugehen, sich von Oggersheim nach Mannheim begeben hatte.

In einem leichten Ueberrock, bei strenger Kälte, trat Schiller die Reise nach Bauerbach an, begleitet von den besten Wünschen seiner Freunde, die sich mit dem Gedanken beruhigten, daß Schiller, wenigstens für die nächste Zeit, Mangel und Verfolgung nicht zu fürchten habe.

Im November 1782 war er auf dem der Frau von Wolzogen gehörenden Rittergute Bauerbach spät Abends angelangt. Er hatte einen Weg von sechsundfunfzig Stunden zurückgelegt. In der herrschaftlichen Wohnung fand er schon alles zu seinem Empfange bereit. Eine ausführliche Schilderung seiner gegenwärtigen Lage, mit der er sehr zufrieden zu seyn schien, entwarf er dem Buchhändler Schwan in Mannheim in einem vom 8. December 1782 datirten Briefe. Er betrachtete sich in diesem Schreiben als einen Schiffbrüchigen, der sich aus den Wellen mühsam emporgekämpft. Dringend legte er dem Empfänger seines Briefes die Bitte an's Herz, den Druck seines Trauerspiels, die "Verschwörung des Fiesko", möglichst rasch zu fördern. Nur das Verbot, Schriftsteller zu seyn, äußerte Schiller, habe ihn aus würtembergischen Diensten vertrieben; sollte er nun als Schriftsteller nicht bald in seinem Vaterlande etwas von sich hören lassen, so würde man den Schritt, den er gethan, grund- und nutzlos finden.

Auch seinem Freunde Streicher meldete Schiller gleichzeitig, den 8. Dezember 1782, seine Ankunft in Bauerbach, und entwarf auch ihm eine günstige Schilderung seiner neuen Verhältnisse. In seiner Einsamkeit zu Bauerbach, unter einfachen Landleuten, entfernt vom Geräusch der Welt, das mit seinem in sich gekehrten Wesen und seiner oft trüben Stimmung nicht harmonirte, fühlte sich Schiller anfangs sehr glücklich, wenn gleich die rauhe Natur des Orts mit ihren schroffen Felsenabhängen in ihm dann und wann eine schmerzliche Erinnerung an seine Heimath, an das gesegnete milde Schwaben hervorrief.

Ein inniges Freundschaftsverhältniß entstand bald nach Schillers Ankunft in Bauerbach zwischen ihm und dem Bibliothekar Reinwald in Meiningen, der sich später mit Schillers ältester Schwester Christophine vermählte. Mit diesem durch Geist und Herz ausgezeichneten Manne stand Schiller in fortgesetztem Briefwechsel. Bisweilen sahen sie sich in Bauerbach, in Meiningen oder an einem dritten Orte. In seinem ländlichen Asyl fehlte es ihm ohnedieß an Personen, in deren Umgange er sich gefallen konnte. Dann und wann spielte er mit dem Verwalter des Guts eine Parthie Schach, oder begleitete ihn auf die Jagd, oder auf einem Spaziergange. Von Streicher getrennt, fühlte er schmerzlich, daß ihm ein treuer theilnehmender Freund fehle, und oft ergriff ihn eine schwermüthige Stimmung, die er in mehreren Briefen an Reinwald aussprach.

Das Verhältniß zu seiner Beschützerin, der Frau von Wolzogen, wenn auch mitunter durch Schillers Reizbarkeit getrübt, hatte sich noch immer in seiner ursprünglichen Reinheit erhalten. Er war ihr in mehrfacher Hinsicht Dank schuldig, unter andern dafür, daß sie während ihres Aufenthalts in Stuttgart seine um ihn bekümmerten Eltern über sein Schicksal beruhigt hatte. Sehr erfreut hatte sie ihn durch Nachrichten von seiner Familie. Namentlich hatte sie ihm die Genesung seiner Mutter gemeldet, an der er mit inniger Liebe hing. Schiller war nicht undankbar. Um die zarte Aufmerksamkeit, die sie ihm bewies, einigermaßen zu erwiedern, verherrlichte er den Tag, an welchem Frau von Wolzogen im Mai 1783 aus Stuttgart wieder nach Bauerbach zurückkehrte, durch allerhand ländliche Festlichkeiten.

Einen nicht unwesentlichen Antheil der wahrhaft kindlichen Liebe Schillers zu der edlen Frau, die sich seiner so edelmüthig angenommen, hatte die in ihm aufkeimende Neigung, die er für ihre Tochter Charlotte empfand. Um so größer war seine Bestürzung bei der Nachricht, daß ein Adlicher aus Stuttgart neben ihm, dem dürftigen Flüchtling, als Bewerber um Charlottens Hand aufgetreten sei. Ihm drohte selbst, wenn jener Herr in Meiningen blieb, vielleicht Gefahr, entdeckt zu werden. Besorgnisse dieser Art schlummerten nie ganz in seiner Seele. Ein Brief an seine mütterliche Freundin vom 30. May 1783 schilderte den leidenschaftlichen Zustand, in dem er sich befand. Er äußerte in seinem Schreiben sogar den Entschluß, geradezu nach Weimar zu gehen, wenn sich die Nachricht bestätigen sollte, daß jener Stuttgarter Herr in Meiningen angekommen wäre.

So ward durch eine Leidenschaft, die er bei seinen unbestimmten Aussichten unterdrücken mußte, Schillers literarische Thätigkeit gestört. Es war für ihn ein Glück, daß eine Ortsveränderung seinem Schicksal eine andere Wendung gab. Sein aufgelöstes Verhältniß zu dem Freiherrn von Dalberg schien sich wieder anknüpfen zu wollen. Wiederholt hatten die Mitglieder des Mannheimer Theaterausschusses, bei denen Schiller noch in gutem Andenken stand, den Wunsch geäußert, daß die "Verschwörung des Fiesko" aufgeführt werden möchte. Viel versprachen sie sich auch, nach der Schilderung, die ihnen Streicher davon entworfen hatte, von einer Vorstellung der "*Luise Millerin.*"

Dies Trauerspiel hatte Schiller bereits im Februar 1783 beinahe vollendet. Bald nachher, im März, erkundigte sich Dalberg schriftlich, ob Schillers neues Stück sich nicht vielleicht zu einer Vorstellung auf der Mannheimer Bühne eignen möchte. In einem Briefe Schillers vom 3. April entschuldigte er seine verspätete Antwort damit, daß er mit dem Buchhändler Weygand in Leipzig verhandelt, doch wegen des Honorars sich nicht habe vereinigen können. Höflich, und ohne die mindeste Empfindlichkeit zu verrathen, schrieb er an den Mann, der ihn bitter getäuscht hatte. In Bezug auf sein Trauerspiel, die "Luise Millerin", bemerkte Schiller: "Außer der Vielfältigkeit der Charaktere und der Verwicklung der Handlung, der vielleicht allzufreien Satyre und Verspottung einer vornehmen Narren- und Schurkenart, habe sein Stück noch den Mangel, daß Komisches mit Tragischem, Laune mit Schrecken wechselten, und obschon die Entwicklung tragisch genug sei, doch einige lustige Charaktere und Situationen hervorragten." In eben diesem Briefe meldete er, daß er sich mit einem neuen Trauerspiel, dem Don Carlos beschäftige, von dem er sich eine großartige Wirkung versprach. Auch beabsichtigte er eine dramatische Bearbeitung der Geschichte Conradins von Schwaben. Die Idee, Maria Stuart zur Heldin einer Tragödie zu wählen, gab er wieder auf, und realisirte sie erst in späteren Lebensjahren.

Einer anregendern Umgebung, wie sie ihm sein einsamer Aufenthalt in Bauerbach darbieten konnte, bedurfte Schiller, um die genannten dramatischen Entwürfe auszuführen. Abgesehen davon, daß die

Nähe eines guten Theaters seinem Talent sehr förderlich seyn mußte, zeigten sich ihm auch Aussichten, seine ökonomischen Verhältnisse zu verbessern, wenn es ihm gelang, seine "Luise Millerin", vielleicht auch seinen "Fiesko", in Mannheim auf die Bühne zu bringen. Von seiner dortigen Anwesenheit hoffte er, daß ihm dies gelingen werde. Ein drückendes Gefühl war es ohnedies für ihn, noch länger von den Wohlthaten Anderer zu leben. Er fürchtete seiner unbemittelten Gönnerin auf die Dauer zur Last zu fallen.

Schiller tröstete sie und ihre Tochter Charlotte, die ihm die Trennung erschwerte, durch die Hoffnung einer baldigen Rückkehr nach Bauerbach, als er nach siebenmonatlichem Aufenthalte in der zweiten Hälfte des Juli 1783 seine Reise nach Mannheim antrat. Am 27. Juli kam er dort an. Groß war Schillers Freude, seinen treuen Streicher wieder zu finden. Der Theaterregisseur Meier verschaffte ihm neben dem Schloßplatz für einen billigen Preis eine freundliche Wohnung.

Wie seine Verhältnisse in Mannheim sich gestalten würden, ließ sich nicht voraussehen, da der Freiherr von Dalberg von einer damaligen Reise nach Holland noch nicht wieder zurückgekehrt war. Mehrere Schauspieler hatten Urlaub genommen, und Schiller konnte von der Anschauung des Theaters um so weniger Vortheil ziehen, da bei der damaligen Anwesenheit der Churfürstin und des Herzogs von Zweibrücken wenig bedeutende Stücke aufgeführt wurden, "nur Alltagscomödien, wie sie der Geschmack der hohen Herrschaften verlangte." So äußerte sich Schiller selbst hierüber in einem Briefe vom 11. August 1783.

Seine literarische Thätigkeit ward gehemmt durch die unerträgliche Hitze und durch Zerstreuungen jeder Art. Er glaubte die Zeit, die er in Mannheim zubrachte, als eine verlorene betrachten zu müssen. In einem Briefe an Frau von Wolzogen schilderte er die Sehnsucht nach seinem einsamen Aufenthalt in Bauerbach. Er wünschte recht bald wieder dahin zurückkehren zu können, und meldete, wie er sich schon einiges Reisegeld erspart habe. Unterdeß war Dalberg wieder in Mannheim angelangt. Schiller traf ihn im Theater, und ward von ihm mit Auszeichnung behandelt. Zu dem Manne, der ihn so bitter getäuscht, konnte er zwar kein sonderliches Vertrauen mehr haben. Er entschied sich indeß, nach einiger Ueberlegung, zur Annahme der erneuerten Vorschläge, die ihm Dalberg in Bezug auf eine Anstellung als Theaterdichter aus freiem Antriebe machte.

In einem Briefe vom 11. September 1783 machte Schiller die Bedingungen namhaft, unter denen er sich bei der Mannheimer Bühne angagirt hatte. "Erstens", schrieb er, "bekommt das Theater von mir drei neue Stücke, den Fiesko, meine Luise Millerin, und ein drittes, daß ich innerhalb meiner Vertragszeit machen muß. Zweitens: der Contract dauert eigentlich ein Jahr, nämlich vom 1. September dieses Jahres bis zum letzten August des nächsten. Ich habe mir aber die Erlaubniß ausbedungen, die heißeste Jahreszeit, meiner Gesundheit wegen, anderswo zuzubringen. Drittens erhalte ich für dieses eine fixe Pension von 300 Fl. Außerdem bekomme ich von jedem Stück, daß ich auf die Bühne bringe, die ganze Einnahme der Vorstellung, die ich selbst bestimmen kann. Dann gehört das Stück dennoch mein, und ich kann es nach Gefallen verkaufen oder drucken lassen." Hierauf verzichtete Schiller späterhin, und erhielt im Ganzen ein Fixum von 500 Fl.

Ueber den auf diese Weise abgeschlossene Contract, der ihm neben der Vervollkommnung in seiner Kunst, zugleich Aussichten eröffnete, seine ökonomischen Verhältnisse zu verbessern, empfand Schiller eine ungemeine Freude. Sein Gemüth war ruhiger, seine Stimmung heiterer geworden. Dies zeigten mehrere Stellen in einem damaligen Briefe an Frau von Wolzogen. Begeistert von der sehr gelungenen Vorstellung seiner "Räuber", bei überfülltem Schauspielhause, widmete er sich mit Eifer seinem "Fiesko". Er ward jedoch in der Umarbeitung dieses Trauerspiels bald gestört.

Wiederholte Rückfälle eines kalten Fiebers, das ihn in der Mitte des Augusts ergriff, schwächten seinen Körper in solchem Grade, daß er, nach seinem eignen Geständnisse, durch starke Dosen China seine Kräfte einigermaßen stärken mußte. Zu diesem physischen Leiden trat seine unausgesetzte Geistesanstrengung, die ihn völlig erschöpfte. Nicht grundlos schien seine Besorgnis, "daß diese Krankheit ihm vielleicht für Zeitlebens einen Stoß versetzen möchte." Durch den übermäßigen Gebrauch der China hatte er seinen Magen sehr geschwächt, und er mußte eine äußerst einfache Diät beobachten, um den Krankheitsstoff nicht zu nähren.

Einen nachtheiligen Einfluß auf seine Gesundheit äußerten manche Unregelmäßigkeiten, zu denen er wider seinen Willen verleitet ward.

Obgleich er seinen Umgang nur auf Dalberg's Haus und auf die Wohnung des ihm befreundeten Buchhändlers Schwan beschränkte, konnte er sich doch dem Verkehr mit den Schauspielern, den Einladungen mehrerer Familien Mannheims, den Besuchen von Fremden nicht ganz entziehen. Durch seine neunwöchentliche Krankheit hatte er, nach seinem eigenen Geständniß, wenigstens dreißig Dukaten eingebüßt. Um sich von seinen Schulden zu befreien, mußte er in stiller Zurückgezogenheit sich mit verdoppeltem Eifer seinen literarischen Beschäftigungen widmen. Er ward jedoch davon häufig abgelenkt durch Ausflüge in die Umgegend, nach Oggersheim, Schwetzingen, Speier und andern Orten.

Indeß brachten ihm jene kleinen Reisen wieder den Vortheil, daß sie ihm zu manchen interessanten Bekanntschaften verhalfen, zu denen unter andern Wielands Jugendfreundin, die geistreiche Schriftstellerin Sophie la Roche gehörte. Selten wich jedoch der durch seine Krankheit erzeugte Mißmuth gänzlich von ihm. In eine heitere Stimmung versetzte ihn in der Mitte des Novembers 1783 der unerwartete Besuch des Professors Abel aus Stuttgart und eines andern Landsmannes. Kurz zuvor, an seinem Geburtstage, den 11. November, hatte er einige Flaschen Burgunder zum Geschenk erhalten, und er freute sich, seine Gäste beim Mittag- und Abendessen festlich bewirthen zu können. Obgleich er sich nicht sonderlich wohl befand, ließ er sich dadurch nicht abhalten, seine Landsleute in der Stadt umherzuführen. Lebhaft schilderte er in einem Briefe an Frau von Wolzogen, wie schnell ihm bei jenem Besuch die Zeit verflossen, und wie er und seine Freunde vor lauter Erzählen und Fragen kaum hätten zu Athem kommen können.

Solche frohe Momente wurden für Schiller wieder getrübt durch seine traurige, sorgenvolle Lage.

Noch immer körperlich leidend, durfte er keine geistige Anstrengung scheuen, um sich die Mittel zu einer leidlichen Subsistenz zu verschaffen, um nur mit einigem Anstande leben zu können. Nicht unbedeutend war die Summe, die er zur Tilgung seiner Schulden brauchte. Die Ungeduld der Theaterdirection und die Erwartungen des Publikums mußte er in Bezug auf seinen "Fiesko" zu befriedigen suchen. Dieß Trauerspiel, wie späterhin auch seine "Luise Millerin" oder "Cabale und Liebe", ward von ihm für die Bühne umgearbeitet.

Das Manuscript der "Verschwörung des Fiesko" empfing der Freiherr v. Dalberg in der Mitte des December 1783 aus Schillers Händen. Mehrere Proben waren nöthig, um dieß republikanische Trauerspiel auf die Bühne zu bringen. Am 17. Januar 1784 ward es aufgeführt, und die Carnevalsbelustigungen gewissermaßen mit diesem Stück eröffnet. Nicht unwichtige Aufschlüsse über die Theaterbearbeitung des "Fiesko", die sich von dem früher gedruckten Trauerspiel wesentlich unterschied, wie es in Schillers Werke aufgenommen worden, gab ein wenig bekanntes Avertissement, welches Schiller, wie er es schon bei den "Räubern" gethan, neben den Anschlagszettel drucken ließ. Man findet diese "Erinnerung an das Publikum" in den von K. Hoffmeister herausgegebenen Nachträgen zu Schillers Werken.

Auch in der veränderten Gestalt, die der Dichter diesem Trauerspiel gegeben hatte, blieb es in Bezug auf die theatralische Wirkung hinter den "Räubern" zurück, ungeachtet Böck als Fiesko, Iffland als Verrina und Beil als Mohr bei der Darstellung des Stücks ihr ganzes Künstlertalent aufboten. Schiller selbst meinte in einem Briefe an Reinwald vom 4. May

1784, das Publikum habe sein Trauerspiel gar nicht verstanden. "Republikanische Freiheit", schrieb er, "ist hier zu Lande ein Schall ohne Bedeutung, ein leerer Name. In den Adern der Pfälzer fließt kein römisches Blut."

Auf Ifflands Vorschlag war es geschehen, daß Schillers Trauerspiel: "Luise Millerin" von ihm "Cabale und Liebe" genannt ward. Der Vorstellung dieses Stücks wohnte Schiller in einer Loge bei, die er sich mit Streicher gemiethet hatte. Vom Publikum ward dieß Trauerspiel sehr günstig aufgenommen. Ein lauter Beifallsruf ertönte bei einzelnen Scenen, besonders am Schluß des zweiten Acts. Als der Vorhang fiel, wiederholte sich jener Beifallsruf, und Schiller, der während der Vorstellung in sich gekehrt neben seinem Freunde gesessen und nur wenige Worte gewechselt hatte, fühlte sich dadurch so überrascht, daß er aufstand und sich gegen das Publikum verneigte.

Die Darstellung seines Trauerspiels und die günstige Aufnahme, die es gefunden, gab dem Dichter ein erhöhtes Selbstgefühl. Jetzt erst glaubte er seinen Eltern und seiner von Besorgnis um ihn fortwährend gequälten Mutter entgegen treten zu können. Seinen Vater hatte er gekränkt, als er den Plan entschieden verworfen, nach welchem jener sich an den Herzog von Würtemberg wenden, und um die Rückkehr seines Sohnes in dessen Dienste bitten wollte. Nach einem Briefe, den Schiller am 1. Januar 1784 an seine Schwester Christophine geschrieben, hatte er einen solchen Schritt mit seinem Ehrgefühl für unverträglich gehalten.

In Bretten, einem außerhalb der würtembergischen Grenze gelegenen Städtchen, traf Schiller, bald nach der Vorstellung von "Cabale und Liebe", mit seiner Mutter und seiner ältesten Schwester Christophine zusammen, und nahm mit schwerem Herzen von ihnen Abschied. Seine trübe Stimmung erheiterte sich, als er, wieder in Mannheim angelangt, mit Iffland und Beil nach Frankfurt am Main reiste. Dorthin waren die genannten Mitglieder der Mannheimer Bühne eingeladen worden, um Gastrollen zu geben. Sie traten unter andern in "Cabale und Liebe" und in dem Ifflandschen Schauspiel "Verbrechen aus Ehrsucht" auf, und fanden großen Beifall. In einem Briefe vom 1. May 1784 meldete Schiller dem Freiherrn v. Dalberg "den Triumph, den die Mannheimer Schauspielkunst in Frankfurt erhalten." Iffland und Beil hätten unter den besten dortigen Schauspielern "hervorgeragt, wie der Jupiter des Phidias unter Tüncherarbeiten." Zu den interessantesten Bekanntschaften die Schiller in Frankfurt am Main machte, gehörte die als Schauspielerin späterhin hochgefeierte Sophie Albrecht. In einem seiner damaligen Briefe rühmt er ihr zur innigsten Theilnahme geschaffenes Herz. Sie sei erhaben gewesen über den Kleinigkeitsgeist der gewöhnlichen Cirkel, und voll edlen, reinen Gefühls für Wahrheit und Tugend.

Seiner mannigfachen Zerstreuungen ungeachtet, erinnerte sich Schiller des Verbrechens, das er seiner Mutter in Bretten gegeben hatte, sich um eine feste Anstellung zu bewerben. In seiner unsichern Lage kam ihn eine Aufforderung Dalbergs sehr gelegen. Das Frühjahr 1784 war verflossen, und noch immer war Schiller nicht mit sich einig über den Stoff zu einem neuen Trauerspiel, welches er contractmäßig noch in dem laufenden Jahre liefern mußte. Seine zweifelhafte Produktivität machte den Freiherrn v.

Dalberg bedenklich, den Contract mit ihm zu erneuern. Vielleicht war es weniger Theilnahme an seinem Schicksal, als der Wunsch, sich seiner zu entledigen, wodurch Dalberg sich bewogen fand, ihm zu rathen, daß er sich wieder zum Studium der Medicin wenden möchte, um sich die Mittel zu seiner Subsistenz zu sichern. Wenigstens erfüllte jener vermögende Mann Schillers Bitte nicht, ihm eine mäßige Summe vorzuschießen, damit er auf der Universität Heidelberg das in seinem Fache Versäumte oder Vergessene wieder nachholen könnte. Damit hoffte er in einem Jahre fertig zu werden. So zerschlug sich dieser, auch später von ihm noch wieder aufgegriffene Plan.

In einem seiner damaligen Briefe gestand Schiller offen, daß sein eignes Herz ihn schon längst zur Medicin zurück gezogen habe. Er meinte, daß früher oder später sein Feuer für die Dichtkunst erlöschen würde, wenn sie seine Brodwissenschaft bliebe, daß sie dagegen neuen Reiz für ihn haben müßte, wenn er sie nur als Erholung gebrauchte und ihr nur seine reinsten Augenblicke widmete. "Dann nur," schrieb er, "kann ich mit ganzer Kraft und immer regem Enthusiasmus Dichter seyn, dann nur hoffen, daß meine Leidenschaft und Fähigkeit für die Kunst durch mein ganzes Leben fortdauern werde."

Was ihm bisher in der Ausübung jener Kunst und in der Theorie derselben dunkel vorgeschwebt, sprach Schiller klar und unumwunden aus in dem von ihm verfaßten Aufsatze: "Was kann eine gute stehende Schaubühne wirken?" Diesen Aufsatz, dem er früher den veränderten Titel gab: "Die Schaubühne als eine moralische Anstalt betrachtet," hatte er am 26. Juni 1784 in einer öffentlichen Sitzung der churpfälzischen deutschen Gesellschaft vorgelesen, deren Mitglied er bereits im Februar des genannten Jahres geworden, und dadurch mit mehreren Gelehrten und angesehenen Personen Mannheims in nähere Verbindung getreten war. Manche Vortheile, unter andern die Benutzung der churfürstlichen Bibliothek, waren mit seinem Eintritt in jenes Institut verbunden. Ein Honorar von drei Dukaten für den gedruckten Bogen ward den Mitgliedern der Gesellschaft für ihre Aufsätze gewährt, und außerdem jährlich eine goldene Medaille, funfzig Dukaten an Werth, für die Lösung einer aufgegebenen Preisfrage bestimmt.

Angenehm fühlte sich Schiller überrascht, als er bei der ihm übertragenen Durchsicht mehrerer eingegangener Aufsätze in einem derselben die Handschrift seines Jugendfreundes Petersen erkannte. Er freute sich sehr, als es ihm durch eine detaillirte Kritik und Vergleichung zweier Abhandlungen, die auf den Preis Anspruch machen konnten, gelang, diesen Preis seinem Freunde zuzuwenden. "Das ist," schrieb er an ihn, "mein geringes Verdienst; aber ich gestehe Dir offen, nicht der Rücksicht auf unsere Bekanntschaft, blos meiner Ueberzeugung hast Du jenen Preis zu danken. Eben das würde ich einem Fremden gethan haben. Deine Abhandlung ist vortrefflich." Die in diesem ziemlich ausführlichen Briefe enthaltenen Aeußerungen lieferten einen schönen Beweis, wie sich in Schillers Charakter Freundschaft, Aufrichtigkeit und Pflicht harmonisch vereinigten.

Eine sehr angenehme und fruchtbare Uebung für seine müssigen Stunden versprach sich Schiller, nach seinen eigenen Worten in einem am 29. Sept. 1784 geschriebenen Briefe, von der Beantwortung dramaturgischer Preisfragen. Diese Fragen wurden von

Dalberg jährlich aufgegeben, und die Mitglieder der Mannheimer Bühne sollten darin gewissermaßen Rechenschaft ablegen über ihre Kunst und ihr Spiel. Selbst für den dramatischen Dichter, meinte Schiller, könnte die Vergleichung mehrerer Aufsätze über denselben Gegenstand in mehrfacher Hinsicht belehrend seyn. Schiller fand sich dadurch veranlaßt zur Herausgabe einer dramaturgischen Monatsschrift, welche Recensionen und Antikritiken der theatralischen Vorstellungen liefern sollte. Ein aus sechs Mitgliedern der Gesellschaft gebildeter Ausschuß, zu welchem Dalberg und er selbst gehörten, sollte die Beurtheilungen übernehmen. Einen ausführlichen Entwurf jenes vielversprechenden Plans enthielt ein von Schiller an Dalberg gerichteter Brief, datirt vom 2. Juli 1784. Die Ausführung unterblieb jedoch, weil die Theaterdirektion sich nicht dazu verstehen wollte, den von Schiller verlangten jährlichen Zuschuß von funfzig Dukaten zu verwilligen.

Mehrere dramatische Pläne wurden von Schiller wieder verworfen. Er konnte zu keinem bestimmten Entschluß kommen, was für einen Stoff er zur Bearbeitung wählen sollte. Mehrmals dachte er an einen zweiten Theil der "Räuber," in welchem die Dissonanzen dieses Schauspiels aufgelöst werden sollten. Den früher erwähnten Plan, Conradin von Schwaben zum Helden einer Tragödie zu wählen, hatte er wieder aufgegeben. Mitunter kam ihn die Idee, ausländische Meisterwerke für die Bühne zu bearbeiten, unter andern Shakspeare's Macbeth und Timon von Athen. Es schien ihm aber damit so wenig Ernst zu seyn, als mit der in einem Briefe vom 24. August 1784 geäußerten Hoffnung: "durch Verpflanzung der classischen Tragödien Corneille's, Racine's, Crebillon's und Voltaire's auf den deutschen Boden, der

Bühne eine wichtige Eroberung zu verschaffen." Bereits am 7. Juni 1784 hatte er dem Freiherrn v. Dalberg in einem Briefe offen gestanden, daß er mehr als jemals in Verlegenheit sei wegen der Wahl eines neuen dramatischen Stoffes.

Mit Begeisterung ergriff er zum zweiten Mal die schon früher durch St. Real's Novelle in ihm geweckte Idee, den Don Carlos zum Helden eines Trauerspiels zu wählen. Die dramatische Bearbeitung dieses Stoffes nöthigte ihn zu manchen historischen Vorarbeiten, denen er sich mit großem Eifer widmete. Nach seinen brieflichen Aeußerungen wollte er in seinem neuen Trauerspiel völlig heraustreten aus dem dramatischen Kreise, in welchem er sich bisher bewegt hatte. Er wollte etwas ganz Anderes, und wo möglich weit Vollkommneres liefern. Ein erhebendes Selbstgefühl bemächtigte sich seiner Seele während der Beschäftigung mit seinem neuen Trauerspiel, von welchem er sich eine großartige Wirkung versprach. Nach seinen eigenen Aeußerungen wollte er "nichts weniger als ein politisches Stück, sondern vielmehr ein Familiengemälde aus einem fürstlichen Hause liefern." Beschäftigt mit seiner neuen dramatischen Arbeit, konnte er oft kaum die Abendstunde erwarten, um seinem treuen Streicher, der sich noch immer in Mannheim befand, die im Laufe des Tages gedichteten Scenen des Don Carlos vorzulesen.

Aus dem Reich der Ideen ward Schiller jedoch bald wieder in die wirkliche Welt zurückgescheucht. Seine Stuttgarter Schuld hatte er noch immer nicht tilgen können, und der Gedanke einer Mahnung hatte ihn oft beunruhigt. In Schrecken versetzte ihn nun die Nachricht, daß der Freund, der sich für ihn verbürgt hatte, und von dem ungestümen Gläubiger hart gedrängt worden war, sich aus Stuttgart nach Mannheim geflüchtet hatte. Dort war er ergriffen und verhaftet worden. Schiller befand sich, als er dieß erfuhr, in der äußersten Unruhe und Verlegenheit. Er wußte nicht, wie er die Summe von 200 Fl. auftreiben sollte, um seinem edelmüthigen Freunde zu helfen und ihn aus seiner Haft zu befreien. An seine Eltern, abgesehen davon, daß sie unbemittelt waren, sich in seiner Noth zu wenden, widerstrebte seinem Stolz. Von Dalberg konnte er, nach frühern Erfahrungen, kaum Hülfe erwarten. Ein unvermögender, aber edelmüthiger Mann ward sein Retter. Der Baumeister Hölzel, in dessen Hause er wohnte, und der ihn sehr schätzte, bewilligte ihm ein Darlehn von 200 Fl.

Um diese neue Last von sich abzuwälzen, mußte Schiller an eine Vermehrung seines Einkommens denken, das bisher kaum hingereicht hatte, seine nothwendigsten Bedürfnisse zu bestreiten. Er entwarf, nachdem sein früheres Project einer Dramaturgie sich zerschlagen, den Plan zur Herausgabe einer Zeitschrift, die ebenfalls vorzugsweise die Bühne und ihre Vorstellungen, nebenher aber auch andere wissenschaftliche Gegenstände berücksichtigen sollte. Durch eine öffentliche Ankündigung, die er in das von Göckingk herausgegebene Deutsche Museum einrücken ließ, machte Schiller das Publikum mit dem Plan seiner neuen Zeitschrift bekannt. Sie führte den Titel: "Rheinische Thalia."

In jener Ankündigung warf sich Schiller dem Publikum mit Vertrauen in die Arme durch die offenherzige Mittheilung seiner Jugendgeschichte, seiner Begeisterung für Dichtkunst und seiner bisher erlebten trüben Schicksale. "Ich schreibe," äußerte er, "als Weltbürger, der keinem Fürsten dient. Früh verlor ich mein Vaterland, um es gegen die große Welt zu vertauschen. Nunmehr sind alle meine Verbindungen aufgelöst. Das Publikum ist mir jetzt Alles, mein Studium, mein Souverain, mein Vertrauter. Ihm allein gehöre ich ganz an. Vor diesem und keinem andern Tribunal werde ich mich stellen. Dieses nur fürcht' ich und verehr' ich. Etwas Großes wandelt mich an bei der Vorstellung, keine andern Fesseln zu tragen, als den Ausspruch der Welt, an keinen andern Thron zu appelliren, als an die menschliche Seele." Seinen Aufsatz schloß Schiller mit den Worten: "Den Schriftsteller überhüpfe die Nachwelt, der nicht mehr war, als seine Werke – und gern gesteh' ich, daß bei der Herausgabe dieser Thalia es meine vorzügliche Absicht war, zwischen dem Publikum und mir ein Band der Freundschaft zu knüpfen."

Durch seinen häufigen Theaterbesuch erhielt sich in Schiller das Interesse für dramatische Kunst, das ihm auch bei der Beschäftigung mit dem "Don Carlos" sehr förderlich war. Neben der Herausgabe der "Rheinischen Thalia" nahm dieß Trauerspiel Schillers Geisteskräfte fast unausgesetzt in Anspruch. Aber auch sein Herz verlangte Befriedigung. Er sehnte sich nach freundschaftlicher Mittheilung und inniger Theilnahme, die er seit seinem Aufenthalt in Bauerbach mehr oder minder zu vermissen glaubte. Seine immer rege Phantasie entwarf sich ein reizendes Bild von den stillen Freuden des häuslichen Lebens. Nur in einem solchen Verhältnis glaubte er, nach mehreren Stellen in seinen damaligen Briefen, die Ruhe und Heiterkeit zu finden, die seine angestrengten Kopfarbeiten nothwendig verlangten. In einem Briefe an seinen Jugendfreund Zumsteg, der sich damals unlängst verheirathet, hatte Schiller zwar gemeint, "daß ihn selbst ein solcher Schritt von der Bahn seines Glücks ablenken, und daß überdieß sein ungestümer Kopf und sein warmes Blut jetzt noch keine Frau glücklich machen würden." Dieser Aeußerungen ungeachtet bewarb er sich in einem Schreiben an Frau v. Wolzogen vom 7. Juny 1784 um die Hand ihrer Tochter Charlotte.

Schillers Heirathsantrag, von welchem ihn seine noch immer unsichere und keineswegs sorgenfreie Lage hätte abhalten sollen, blieb unerwiedert oder vielmehr unbeachtet. Sein für Liebe empfängliches Herz mußte einen andern Gegenstand seiner Neigung suchen. Er fand ihn in der damals neunzehnjährigen Tochter seines Freundes, des Buchhändlers Schwan, Margarethe mit Namen, einem schönen und vielseitig gebildeten Mädchen. Schiller fühlte sich glücklich in dem Gefühl der Liebe. Aber eine ruhige Ueberlegung untersagte ihm, irgend weitere Schritte in seiner Herzensangelegenheit zu thun.

Einer weiblichen Hand hätte er übrigens wohl bedurft, um seinen zerrütteten Haushalt einigermaßen in Ordnung zu erhalten. In seinem Zimmer lagen Kleider, Wäsche, Bücher in solcher Verwirrung umher, daß er gewöhnlich das, was er suchte, nicht finden konnte. An kleinliche und alltägliche Dinge zu denken, erlaubte ihm die poetische Begeisterung nicht, in der er sich fast unausgesetzt befand. Er behalf sich mit einem kärglichen Mittagsmahl, und lebte, mit Ausnahme der sogenannten Ehrenausgaben, die seine geselligen Verbindungen unbedingt zu fordern schienen, im Allgemeinen sehr mäßig. Aber seine Einkünfte hatten sich so wenig verbessert, daß er oft nicht wußte, wie er die nöthigsten

Ausgaben für die nächste Woche, ja oft für den nächsten Tag bestreiten sollte.

Schillers Sinn für edle Freundschaft fand Nahrung in dem Umgange mit der Frau v. Kalb, die mit ihrem Gatten, der als Offizier in französischen Diensten in dem nordamerikanischen Freiheitskriege gefochten, im August 1784 Mannheim zu ihrem Wohnort gewählt hatte. Schiller nannte sie in einem Briefe an Dalberg "eine vortreffliche Person, die ohne aus ihrem Geschlecht zu treten, sich glänzend darin auszeichne." Jedenfalls übte Charlotte v. Kalb als eine vielseitig gebildete Dame durch das freundschaftliche Verhältniß, in welchem Schiller zu ihr stand, einen sehr günstigen Einfluß aus auf des Dichters Haltung im geselligen Leben.

Nicht viel fehlte jedoch daran, daß ein Zufall das unlängst angeknüpfte Freundschaftsverhältniß wieder aufgelöst hätte. Schiller hatte der Frau v. Kalb einige Scenen aus seinem damals noch unvollendeten "Don Carlos" vorgelesen. Verletzt aber mußte er sich fühlen, als er sie um ihr Urtheil bat, sie einer bestimmten Antwort auswich, und endlich unumwunden erklärte: "Das sei das Schlechteste, was er je geschrieben." Befremdet und entrüstet über diese Aeußerung, nahm Schiller Hut und Stock, und entfernte sich schnell. Die heftige und stürmische Art seiner Declamation, die ihm schon früher ein ähnliches Mißgeschick bereitet hatte, war die Ursache des harten Urtheils gewesen, welches Frau v. Kalb gänzlich wieder zurück nahm, als sie das Manuscript des "Don Carlos" für sich gelesen hatte. Das gute Vernehmen mit jener fein gebildeten Dame war auf diese Weise wieder hergestellt. Schiller hatte für sie sogar die Aufmerksamkeit, bei der nächsten Vorstellung von Cabale und Liebe den Namen des darin auftretenden Hofmarschalls v. Kalb umändern zu wollen, was jedoch seine Freundin, von einem richtigen Urtheil und Gefühl geleitet, nicht zugab.

Auch außerhalb Mannheim hatte Schillers ausgezeichnetes Talent ihm Freunde und Verehrer erworben. Am 7. Juni 1784 erhielt er ein Paket aus Leipzig von vier ihm gänzlich unbekannten Personen, deren Briefe sich mit Begeisterung über ihn und seine Gedichte äußerten. Er fand in jenem Paket, außer einer höchst geschmackvoll gestickten Brieftasche, die Composition eines Liedes aus seinen "Räubern" und vier Portraits, unter denen sich zwei schöne Frauengesichter befanden. Die Personen, die ihm diese Ueberraschung bereitet hatten, waren F. Huber, C. G. Körner, der Vater des bekannten Dichters, Minna Stock, Körners Braut, und deren Schwester Dora.

In einem damaligen Briefe an Dalberg gestand Schiller, daß ihm "der lauteste Beifallsruf der Welt kaum schmeichelhafter gewesen wäre, als dieß Geschenk von fremden Menschen, die dabei kein anderes Interesse gehabt hätten, als ihm für einige frohe Stunden, die er ihnen bereitet, zu danken." Aehnliche Aeußerungen enthielt ein Schreiben Schillers an seine mütterliche Freundin, Frau v. Wolzogen. Schiller schloß seinen Brief mit der charakteristischen Aeußerung: "Wenn ich mir denke, daß in der Welt vielleicht noch mehr solche Cirkel sind, die mich unbekannt lieben, und sich freuen, mich kennen zu lernen; daß vielleicht in hundert und mehr Jahren, wenn mein Staub lange verwest ist, man mein Andenken segnet, und mir noch im Grabe Thränen und Bewunderung zollt, dann freue ich mich meines Dichterberufs und versöhne mich mit Gott und meinem oft harten Verhängniß." Mit seinen Freunden, die damals sämmtlich in Leipzig lebten, trat Schiller in einen fortgesetzten Briefwechsel, und knüpfte daran die Hoffnung, durch eben diese Freunde vielleicht seinen noch immer höchst ungünstigen Verhältnissen entrissen zu werden.

Durch die Ernennung zum Rath, die er dem Herzog Carl August von Sachsen- Weimar verdankte, schienen sich für Schiller Aussichten auf eine erfreulichere Zukunft zu eröffnen. Längst schon hatte Schiller gewünscht, jenem als Freund und Beschützer der Wissenschaften gepriesenen Fürsten persönlich bekannt zu werden. Als der Herzog 1785 die landgräfliche Familie in Darmstadt besuchte, ergriff Schiller die Gelegenheit, sich ihm vorstellen zu lassen. Sein Wunsch, den ersten Act des "Don Carlos" bei Hofe vorzulesen, ward dem berühmten jungen Dichter gern gewährt. Dem entschiedenen Beifall, den sein neues Trauerspiel fand, verdankte er die vorhin erwähnte Auszeichnung.

Ein gesteigertes Selbstgefühl schien sich Schillers durch die ihm verliehene Auszeichnung bemächtigt zu haben. Einen Beweis dafür lieferten die scharfen Theaterkritiken, denen er in seiner "Rheinischen Thalia" eine eigene Rubrik eingeräumt hatte. Verletzt fühlten sich die wegen ihres Spiels oft hart von ihm getadelten Mitglieder der Mannheimer Bühne besonders dadurch, daß er sie, was bisher bei Theaterkritiken noch nicht üblich gewesen, bei jenen Rügen geradezu nannte. Auf ähnliche Weise äußerte er sich in seinen Briefen an Dalberg. Seit Schiller, da sein Contract nicht erneuert worden, mit der Bühne in keiner Verbindung mehr stand, schien er ihr gegenüber eine ganz andere Sprache anzunehmen.

Vorzüglich machte er mehrern Schauspielern das nachlässige Memoriren zum Vorwurf. "Es kann mir," schrieb er unter andern, "Stunden kosten, bis ich einer Periode die bestmöglichste Rundung gebe, und wenn das geschehen ist, so bin ich dem Verdruß ausgesetzt, daß der Schauspieler meinen mühsam vollendeten Dialog nicht einmal in gutes Deutsch verwandelt. — Wenn unsere Schauspieler einmal die Sprache in der Gewalt haben werden, dann ist es allenfalls Zeit, daß sie ihrer Bequemlichkeit mit Extemporiren zu Hülfe kommen. Es thut mir leid, daß ich diese Anmerkung machen muß; noch mehr aber verdrießt es mich, daß ich diese unangenehme Erscheinung nur auf Rechnung ihres guten Willens, und nicht ihrer Kunst schreiben kann, und daß eben diese Schauspieler, die in den mittelmäßigsten Stücken vortrefflich, ja groß gewesen sind, in den meinigen gewöhnlich unter sich selbst sinken." Seinen Brief schloß Schiller mit den Worten: "Ich glaube, daß ein Dichter, der drei Stücke auf die Schaubühne brachte, unter denen die Räuber sind, einiges Recht hat, Mangel an Achtung zu rügen."

Von den Mitgliedern der Mannheimer Bühne ward dieser Tadel nicht gleichgültig aufgenommen. Ihre Erbitterung erreichte den höchsten Grad, und ging so weit, daß der Schauspieler Böck, nach Schillers eignen Worten, "nicht erröthete, auf öffentlicher Bühne mit Gebrüll und Schimpfwörtern und Händen und Füßen gegen ihn auszuschlagen, und auf die pöbelhaftteste Art von ihm zu reden."

Schillers längerer Aufenthalt in Mannheim ward ihm dadurch immer mehr verleidet. Von seinen früher erwähnten Freunden, Körner und Huber, nach Leipzig eingeladen, ging er, von ihnen durch gesandte Wechsel großmüthig unterstützt, im März 1785 nach der genannten Stadt. Seinem treuen Streicher, bei dem er den Abend vor der Abreise bis Mitternacht zubrachte, theilte er den phantastischen Plan mit, sich in Leipzig der Rechtswissenschaft widmen zu wollen. Er verband mit dieser Idee die Hoffnung, an einem der sächsischen Höfe bald eine Anstellung zu erhalten. Mit dem schwärmerischen Versprechen, nicht eher an einander zu schreiben, als bis der Eine Minister, der Andere Capellmeister seyn würde, schieden die Freunde von einander.

Noch aus Manheim hatte Schiller am 15. März 1785 einen Brief an Huber in Leipzig geschrieben. Er sprach darin seinen Wunsch aus, daß er nicht wie bisher seine eigene Oekonomie führen möchte. Es koste ihm, äußerte er, weniger, eine ganze Verschwörung und Staatsaction durchzuführen, als seine Wirthschaft. "Poesie", schrieb er, "ist nirgends gefährlicher, als bei ökonomischen Rechnungen. Meine Seele wird getheilt; ich stürze aus meinen idealen Welten, wenn mich ein zerrissener Strumpf an die wirkliche mahnt." Auch allein wollte er nicht wohnen. Zu seiner geheimen Glückseligkeit brauche er einen wahren Herzensfreund, dem er seine aufkeimenden Ideen sogleich mittheilen könnte, nicht aber erst durch Briefe oder Besuche zutragen müßte. Das, meinte er, wären nur Kleinigkeiten, aber Kleinigkeiten trügen oft die schwersten Gewichte im Lauf unsres Lebens. Er wünschte mit Huber eine gemeinschaftliche Wohnung zu beziehen, und äußerte dabei, er sei kein schlimmer Nachbar, und biegsam genug, sich in einen Andern zu schicken. Zu seinen unentbehrlichen Mobilien rechnete er eine Commode, einen Schreibtisch, ein Bett und ein Sopha, außerdem noch einen Tisch und einige Sessel.

Ausdrücklich aber bemerkte er in jenem Briefe, daß er weder Parterre noch in einem Dachzimmer wohnen könnte. Dann möchte er auch nicht die Aussicht auf einen Gottesacker haben, denn, fügte er hinzu, er liebe die Menschen und ihr Gedränge.

Nach einer bei ungünstiger Witterung beschwerlichen Reise war Schiller zur Meßzeit in Leipzig angelangt. Einige dort angeknüpfte Bekanntschaften machte er in einem Briefe namhaft, den er den 24. April 1785 an den Buchhändler Schwan in Mannheim schrieb. Er nannte in diesem Briefe, außer Körner und Huber, Weiße, Oeser, Zollikofer, Jünger und den berühmten Schauspieler Reinike. Seine angenehmste Erholung habe er bisher in Richters Caffehause gefunden. Ueber den Eindruck, den seine persönliche Erscheinung gemacht, äußerte er scherzend: "Vielen wollte es gar nicht in den Kopf, daß der Verfasser der Räuber wie andere Muttersöhne aussehen sollte. Wenigstens rundgeschnittene Haare, Courierstiefeln und eine Hetzpeitsche hatte man erwartet."

Seinem früher geäußerten Wunsche gemäß, bewohnte Schiller eine Zeitlang mit Huber ein gemeinschaftliches Zimmer. Späterhin bezog er eine der kleinsten Studentenstuben. Er war noch immer genöthigt, sich hinsichtlich seiner Ausgaben sehr zu beschränken. Sein innerer Reichthum mußte ihm für manche Entbehrung Ersatz bieten. Von seiner mitunter frohen Stimmung gab er einen Beweis in dem "Lied an die Freude". In dem bei Leipzig gelegenen Dorfe Gohlis, wo er einige Sommermonate zubrachte, dichtete er dies Lied.

Ein erhöhtes Selbstgefühl gab ihm die Hoffnung einer gesicherten äußern Existenz. Er erwartete sie nicht von der dem Studium der Jurisprudenz, der er sich in Leipzig hatte widmen wollen, sondern von der Rückkehr zu seinem ehemaligen Berufsfache, der Medicin. In solcher Stimmung war er selbst so kühn, in seinem früher erwähnten Briefe an den Buchhändler Schwan um die Hand seiner Tochter Margarethe anzuhalten. Die abschlägliche Antwort, die ihm Schwan ertheilte, gründete sich auf das mildernde Motiv, daß Margarethe bei der Eigenthümlichkeit ihres Charakters nicht für ihn passe. Obgleich sich dies Verhältniß auflöste, blieb Schiller immer noch mit Schwan und dessen Tochter in freundschaftlicher Verbindung. Margarethe, späterhin verheirathet, starb im sechsunddreißigsten Jahre an den Folgen einer Niederkunft.

Aus dem unbefriedigten Gefühl der Sehnsucht seines Herzens entsprangen wahrscheinlich die von Schiller damals (1786) geschriebenen Gedichte "Freigeisterei der Leidenschaft" und "Resignation", von denen er das erste bedeutend abgekürzt, späterhin unter der veränderten Ueberschrift: "der Kampf" in die Sammlung seiner Gedichte aufnahm. Das gewaltsam getrennte Verhältniß zu Margarethe hatte in Schillers Gemüth eine Lücke zurückgelassen, die er nun durch die Freundschaft auszufüllen suchte. An Streichers Stelle war Körner getreten, den er in einem spätern Briefe vom 20. November 1788 mit den Worten schilderte: "Es ist kein imposanter Charakter, aber desto haltbarer und zuverlässiger auf der Probe. Ich habe sein Herz noch nie auf einem falschen Klange überrascht. Sein Verstand ist richtig, uneingenommen und kühn. In seinem ganzen Wesen ist eine schöne Mischung von Feuer und Kälte."

Um den Besitz eines solchen Freundes nicht zu verlieren, war Schiller schon zu Ende des Sommers 1786 nach Dresden gegangen, wo Körner eine Anstellung als Appellationsrath erhalten hatte. Nach seiner eigenen Angabe in einem Briefe vom 1. Juni 1785 wohnte Schiller in der Dresdner Neustadt, auf dem Kohlenmarkt, im Faustischen Hause. Späterhin bezog er ein Gartenhäuschen auf dem Weinberge seines Freundes Körner, bei dem an der Elbe gelegenen Dorfe Loschwitz, wo er in ungestörter Muße seinen "Don Carlos" vollendete. Er ließ dies Trauerspiel, ehe es 1787 zu Leipzig in Göschens Verlag vollständig erscheinen konnte, bis zur achten Scene des dritten Acts in den vier ersten Heften der "Thalia" einrücken. Im eilften Stück dieses Journals theilte er auch einige Fragmente seines Trauerspiels: "der Menschenfeind" mit, das jedoch unvollendet blieb.

Unter diesen Beschäftigungen war die Idee, zum Studium der Medicin zurückzukehren, wieder völlig in den Hintergrund getreten. Durch irgend eine Thätigkeit außerhalb des Gebiets der Dichtkunst wünschte Schiller gleichwohl sich eine unabhängige Existenz zu gründen. Historische Studien hatten von jeher, schon auf der Karlsschule, viel Anziehendes für ihn gehabt. In einer historischen Sammlung, die er unter dem Titel: "Geschichte der merkwürdigsten Revolutionen und Verschwörungen aus der mittlern und neuern Zeit" zu Leipzig 1788 herausgab, rührte nur die fast wörtlich aus dem Französischen des Abbé St. Real übersetzte "Verschwörung des Marquis von Bedemar gegen die Republik Venedig" von ihm selbst her. Die beiden andern Aufsätze, welche der erste Band jenes Werkes enthielt, welchem kein zweiter folgte, hatten Huber und Schillers Schwager Reinwald zum Verfasser. Jener schilderte die "Revolution in Rom durch Nicolaus Rienzi", dieser die "Verschwörung der Pazzi." Der Name Johann Friedrich Schiller auf dem Titel einer Uebersetzung von "Robertson's Geschichte von Amerika" hat hie und da zu der Vermuthung geführt, als sei auch diese Uebersetzung aus des Dichters Feder gestossen. Sie rührte indeß von einem Seitenverwandten seiner Familie her, der eine Zeitlang als Buchhändler in Mainz lebte, und nach einem längern Aufenthalt in London durch Uebersetzungen mehrerer Werke von A. Smith, Hawkesworth und anderer englischer Schriftsteller sich bekannt machte.

In die Zeit seines Aufenthalts in Dresden fiel Schillers Roman: "der Geisterseher" und die in psychologischer Hinsicht merkwürdige Erzählung: "der Verbrecher aus verlorner Ehre" oder "aus Jafamie", wie der Titel ursprünglich lautete. Den Stoff zu dieser Erzählung verdankte Schiller der Geschichte des schwäbischen Sonnenwirths, die er noch während seines Aufenthalts in Stuttgart aus dem Munde seines Lehrers Abel gehört hatte. Aus den Anfragen, die von mehreren Seiten in Bezug auf seinen "Geisterseher" an Schiller ergingen, überzeugte er sich, daß er durch jenen Roman, dem durchaus keine wahre Geschichte zu Grunde lag, blos die Neugier des Publikums gereizt habe. Er hatte eine höhere Wirkung beabsichtigt, und ließ daher dies Werk unbeendigt. Verwandte Ideen enthielten die gleichzeitig (1786) von ihm geschriebenen "philosophischen Briefe" zwischen Julius und Raphael.

Unter so mannigfachen Beschäftigungen, die er oft bis tief in die Nacht fortsetzte und dadurch vielleicht den Grund zu seiner spätern Kränklichkeit legte, ergriff ihn in der letzten Zeit seines Aufenthalts in Dresden eine glühende Leidenschaft für ein Fräulein v. Arnim, die Tochter der Wittwe eines pensionirten Offiziers. In den geschmackvoll möblirten Zimmern seiner früher erwähnten Freundin Sophie Albrecht, die als eine gefeierte Schauspielerin und eine der ersten Zierden der Dresdner Bühne zahlreiche Besuche von der eleganten Welt zu empfangen pflegte, sah Schiller zuerst das Fräulein, eine hohe Gestalt und blauäugige Blondine, die einen tiefen Eindruck auf sein Herz machte. Seine Freundin Sophie Albrecht, der dieß nicht entging, suchte er zwar zu überreden, Julie v. Arnim sei ihm gleichgültig. Er gab jedoch die unzweideutigen Beweise vom Gegentheil, ungeachtet seine Besuche ihm auf mehrfache Weise erschwert wurden. Die Weisung, nicht zu erscheinen, wenn er Licht in gewissen Fenstern sähe, durfte er nicht überschreiten. Seine Freunde behaupteten, daß Frau v. Arnim alsdann mehr begünstigte Liebhaber ihrer schönen Tochter empfange, und sich nicht scheue, ihnen werthvolle Geschenke zu entlocken, um ihren Aufwand, für den ihre mäßige Pension nicht hinreichte, befriedigen zu können.

Um für Schiller und die erhabene Größe seines Geistes zu schwärmen, stand Julie v. Arnim vielleicht geistig zu tief. Seine Gestalt und Persönlichkeit konnte sie kaum fesseln. Schillers Kleidung bestand in einem dürftigen grauen Rock. Sein tiefgesenktes, immer sinnendes Haupt machte keinen günstigen Eindruck. Nur auf seiner schönen Stirn und in dem glänzenden Auge sprachen erhebende Zeichen von den großen Gedanken, die er meist Nachts dem Manuscript seines Don Carlos übergeben hatte. Qualvolle Tage bereitete ihm des Fräuleins Kälte und Sprödigkeit. Durch werthvolle Geschenke, selbst in baarem Gelde, suchte er ihre Gunst zu erkaufen. Durch diese Summen, die er nothwendiger für andere Zwecke brauchte, schmälerte er das von seinem Verleger Göschen ihm zugesagte Honorar für den Don Carlos.

Schillers Vernunft erlag fast im Kampf mit einer unbändigen Leidenschaft. Nicht ohne große Selbstüberwindung gab er den Bitten seiner Freunde nach, die ihm zu einer Ortsveränderung riethen. Von Frau v. Kalb, die ihren frühern Aufenthalt in Mannheim mit Weimar vertauscht hatte, freundlich eingeladen, begab er sich im July 1787 in jene Residenz, mit dem schwärmerischen Versprechen, das er dem Fräulein v. Arnim gab, entweder zu sterben oder bald wieder nach Dresden zurückzukehren. Er ward indes andern Sinnes, als er, was längst sein Wunsch gewesen war, mit den größten Geistern Deutschlands in nähere Berührung kam.

Nur Wieland und Herder fand Schiller in Weimar. Goethe war in Italien. Mit Wieland kam er bald in nähere Verbindung durch dessen Aufforderung, Beiträge für den "Deutschen Merkur" zu liefern. Außer seinen "Briefen über Don Carlos" und andern Aufsätzen ließ Schiller damals in jenem Journal einige seiner vorzüglichsten Gedichte drucken, unter andern "die Götter Griechenlands" und "die Künstler." Auch ein Fragment seiner "Geschichte des Abfalls der Niederlande von der spanischen Regierung" theilte er im "Deutschen Merkur" mit. Bei diesem historischen Werke hatte er keine Zeit und Mühe gescheut, alle ihm irgend zugänglichen Quellen zu benutzen. Seiner mütterlichen Freundin der Frau v. Wolzogen, gestand Schiller: "er sitze unter Folianten und alten staubigen Schriftstellern wie begraben."

So unausgesetzte literärische Arbeiten forderten gewissermaßen ein stilles, zurückgezogenes Leben, das von jeher mit Schillers Neigungen harmonirt hatte. Einen einsamen Spaziergang im Park abgerechnet, verließ er selten sein Zimmer, falls er nicht seine Freundin Frau v. Kalb besuchte. Höchst frugal war sein Mittagessen. Abends behalf er sich meist mit Butterbrod und einem Glase Bier, das er schon in Mannheim dem Wein vorzog, den er erst in späteren Jahren liebte. Seine sehr mäßigen und unsichern Einkünfte nöthigten ihn so sparsam zu seyn. Er war genügsam und nach mehreren damaligen Briefen im Allgemeinen zufrieden mit seinen Verhältnissen.

Zu seinen interessantesten Bekanntschaften in Weimar gehörten außer Wieland und Herder, besonders Riedel, damals Erzieher des Erbprinzen von Weimar, der bekannte Romanschriftsteller Fr. Schulz, außerdem Bode, Bertuch und die gefeierte Schauspielerin Corona Schröter. Zerstreuung gewährte ihm im November 1787 eine Reise nach Meiningen zu seinem Schwager, dem Bibliothekar Reinwald. Auf dieser Reise besuchte er auch seine mütterliche Freundin in Bauerbach, wo er Wilhelm v. Wolzogen wieder fand. Durch diesen Jugendfreund, der mit ihm zugleich Zögling der Karlsschule gewesen, ward Schiller auf der Rückreise nach Weimar in Rudolstadt mit der v. Lengefeldschen Familie bekannt.

Nach seinen eignen brieflichen Aeußerungen schien es ihm sehr schwer geworden zu seyn, von dieser Familie, die ihm sehr lieb und werth geworden war, sich wieder zu trennen. Charlotte v. Lengefeld, einige Jahre jünger, als ihre an einen Herrn v. Beulwitz verheirathete Schwester Caroline, hatte einen so tiefen Eindruck auf Schillers Herz gemacht, daß ihr Besitz ihm als das höchste Erdenglück erschien. Mit einer anmuthigen Gestalt und Physiognomie vereinigte sie eine vielseitige Geistesbildung. Sie besaß zugleich reine Herzensgüte und Empfänglichkeit für alles Große und Schöne. Die Sehnsucht nach einer bürgerlichen und häuslichen Existenz erwachte wieder in Schiller. "Seit Jahren," schrieb er seinem Freunde Körner, "hab' ich kein ganzes Glück gefühlt, und nicht sowohl, weil mir die Gegenstände dazu fehlten, sondern darum, weil ich die Freuden mehr naschte, als genoß, weil es mir an immer gleicher Heiterkeit und sanfter Empfänglichkeit fehlte, die nur die Ruhe des Familienlebens giebt."

Groß war Schillers Freude, als ein freundliches Geschick die Geliebte wieder in seine Nähe brachte. Charlotte v. Lengefeld war nach Weimar gereist, wo sich ihr Aussichten zeigten zu der Stelle einer Hofdame bei der Herzogin Luise. Schiller sah sie bei ihrer Freundin Frau v. Stein und in einigen andern Cirkeln, obgleich nur selten. Längere Zeit blieb sein Verhältnis ein bloß freundschaftliches, an welchem die Liebe wenigstens keinen offen ausgesprochenen Antheil hatte. In seinen Briefen an Charlotte machte Schiller aus seinen Begriffen von wahrem Lebensgenuß, der nach seinen Begriffen nur in der freien Natur, fern von den Menschen zu finden sei, kein Geheimniß. Es schien ihm unbegreiflich, wie Charlotte "in der Hof- und Assembleenluft" sich gefallen könne. Für ihn hatten die gewöhnlichen gesellschaftlichen Zerstreuungen wenig Reiz, weil sie ihn aus seiner Ideenwelt hinausführten. "Es sieht vielleicht mysanthropisch aus," schrieb er, "aber ich kann mir einmal nicht helfen, ich bin Kleist's Meinung: Ein wahrer Mensch muß fern von Menschen seyn."

Genußreiche Tage verlebte Schiller im May 1788. Er begab sich um diese Zeit nach dem eine halbe Stunde von Rudolstadt gelegenen Dorfe Volkstädt. Dort hatte die v. Lengefeld'sche Familie ihm eine Wohnung gemiethet. Seine "Geschichte des Abfalls der Niederlande von der spanischen Regierung," und andere meistens historische Arbeiten nahmen den größten Theil des Tages in Anspruch. Gegen Abend begab er sich nach Rudolstadt, wo er im Kreise der v. Lengefeld'schen Familie die Früchte seines Fleißes mittheilte. Die schöne Natur und der freundliche Umgang wirkten günstig auf seine Stimmung. Er war heiter, gesprächig, und mitunter selbst reich an witzigen Einfällen.

Durch Goethe's Erscheinung, den er bei der Rückkehr aus Italien in Rudolstadt zum ersten Mal sah, fühlte sich Schiller im Allgemeinen nicht befriedigt. Seine Erwartung war aufs Höchste gespannt gewesen, theils durch die frühern Eindrücke von Goethe's Werken, theils durch das, was er über seine Persönlichkeit in Weimar gehört hatte. Eine gegenseitige Annäherung beider Dichter fand nicht statt. Schiller fühlte sich zurückgescheucht durch Goethe's Abgeschlossenheit und Kälte. Seine geistige Stellung jenem Dichter gegenüber bezeichnete Schiller in einem Briefe an Körner mit den Worten: "Im Ganzen genommen ist meine in der That große Idee von Goethe nach dieser persönlichen Bekanntschaft nicht vermindert worden. Aber ich zweifle, ob wir einander je sehr nahe rücken werden. Vieles, was mir jetzt noch interessant ist, was ich noch zu wünschen und zu hoffen habe, hat seine Epoche bei ihm durchlebt. Sein ganzes Wesen ist schon von Anfang her anders angelegt, als das meinige, seine Welt ist nicht die meinige; unsere Vorstellungsarten scheinen wesentlich verschieden. Indessen schließt sich aus einer solchen Zusammenkunft nicht sicher und gründlich. Die Zeit wird das Weitere lehren."

Das schon in Weimar auf Wielands Empfehlung begonnene Studium des Homer und der griechischen Tragiker setzte Schiller in Rudolstadt fort. Er bedürfe, meinte er, abgesehen von dem Genuß, den er daraus schöpfe, auch schon deßhalb des Studiums der alten Classiker, um seinen eignen Geschmack zu reinigen, der sich durch Spitzfindigkeit und Künstelei sehr von der wahren Simplicität entfernt habe. Seine Vorliebe für die griechischen Tragiker führte ihn zu dem Versuch einer metrischen Uebersetzung der "Iphigenie" des Euripides und einiger Scenen aus den "Phönizierinnen" jenes Dichters. Bei seiner mangelhaften Kenntniß des Griechischen benutzte er einige lateinische und französische Uebersetzungen.

Im Kreise der v. Lengefeld'schen Familie fand Schiller die Ruhe und Heiterkeit der Seele wieder, die bisher durch manche bittere Lebenserfahrungen, durch Mißmuth und Leidenschaftlichkeit getrübt worden war. In einem Briefe an Körner gestand er, als er im November 1788 wieder nach Weimar zurückgekehrt war: "sein Abschied sei ihm schwer geworden. Er habe in Rudolstadt schöne Tage verlebt, und ein wertes Freundschaftsband geschlossen." Für den Genuß, den er nun entbehren mußte, suchte er sich durch einen fortgesetzten Briefwechsel mit Charlotten und deren Schwester zu entschädigen. Beider Briefe, die ihn regelmäßig jede Woche überraschten, schnell zu beantworten, gehörte zu Schillers Lieblingsbeschäftigungen. Nicht blos seine Neigung, auch seine literarischen Arbeiten fesselten ihn an sein Zimmer. Durch seine ökonomischen

Verhältnisse ward er zum Fleiß gespornt. Kaum aber reichte seine Zeit hin, um neben der Fortsetzung seiner "Geschichte des Abfalls der Niederlande," noch Beiträge für die "Thalia" und den "Deutschen Merkur" zu liefern.

Die oft wiederkehrende Sehnsucht Schillers nach einer mehr gesicherten Existenz ward gestillt, als er durch Verwendung Goethes und des Weimarischen Staatsministers von Voigt einen Ruf als Professor der Philosophie nach Jena erhielt. Er sah sich dadurch am Ziel seiner Wünsche. Gleichwohl überraschte ihn das ihm angetragene historische Lehramt. Er glaubte noch einiger Jahre zu bedürfen, um sich darauf vorzubereiten. In diesem neuen Verhältniß, meinte er, werde er sich selbst lächerlich vorkommen, denn mancher Student wisse vielleicht mehr Geschichte, als er.

Der Beschäftigung mit der Dichtkunst, wenigstens in den nächsten Jahren, zu entsagen, war ihm ein schmerzliches Gefühl. "Der Abschied von den freundlichen schönen Musen," schrieb er, "ist immer schwer, und die Musen, ob sie schon Frauenzimmer sind, haben ein rachsüchtiges Gemüth. Sie wollen verlassen, aber nicht verlassen werden, und wenn man ihnen den Rücken gekehrt hat, kommen sie nachher auf kein Rufen mehr zurück. Wenn dieß aber auch nicht der Fall wäre, so rächen sie sich schon genug durch ihre Abwesenheit."

In dem ungünstigsten Lichte erschien ihm, nach mehreren seiner Briefe, sein neues Verhältniß. Die Vorbereitung auf seine Collegien preßte ihn die Klage aus: "er sei verdammt, sich durch die geschmacklosesten Pedanten durchzuschlagen, um Dinge daraus zu lernen, die er morgen schon wieder vergäße."

Mit diesen Schattenseiten seines Berufs versöhnt ihn wieder die Aussicht eines Besuchs seiner Freundinnen in Jena. Auf einen Ausflug nach Rudolstadt glaubte er ohnedieß, aus Mangel an Zeit, für das nächste Jahr verzichten zu müssen.

Seinen bisherigen Aufenthalt in Weimar, wo er noch Bürgers Bekanntschaft gemacht hatte, der damals jene Residenz besuchte, vertauschte Schiller im May 1789 mit Jena. Ein ungewöhnlicher Beifall begleitete sein erstes Auftreten auf dem Katheder. Vor fast vierhundert Zuhörern eröffnete er in dem Auditorium des Kirchenraths Griesbach sein Lehramt mit der Antrittsrede: "Was heißt und zu welchem Ende studirt man Universalgeschichte?" Im ersten Semester las er wöchentlich zweimal, Dienstags und Mittwochs von sechs bis sieben Uhr Abends, über alte Geschichte. Späterhin hielt er auch Vorlesungen über die Geschichte der europäischen Staaten und über die Kreuzzüge.

Durch Kraft, Feuer und lichtvolle Ideen zeichnete sich Schiller als akademischer Dozent aus. Sein Vortrag soll indeß zu rhetorisch und pathetisch gewesen seyn. Zu dem Rednertalent, das er im freien wissenschaftlichen Gespräch mit Freunden entwickelte, vermochte er, aus Ungeübtheit, später auch wohl aus Kränklichkeit, sich auf dem Katheder nie zu erheben. Störend wirkte dort auch sein schwäbischer Dialekt. Diese Mängel aber vergütete reichlich die überwiegende Kraft seines Geistes.

Mit seinen neuen Verhältnissen, so unbehaglich sie ihm anfangs dünkten, versöhnte ihn das beruhigende Gefühl, eine gesicherte Stellung und einen ausgedehnten Wirkungskreis gefunden zu haben. Mehrere gesellige Verbindungen, die er in Jena anknüpfte, vermehrten seine Heiterkeit. Von Reinhold, Paulus, Griesbach, Schütz und andern geistreichen Männern ward er freundlich empfangen. Nur kurze Zeit sah er seine Rudolstädter Freundinnen wieder, als sie im Juli 1789, um den Badeort Lauchstädt zu besuchen, den Weg über Jena genommen hatten. Er versank in seine oft wiederkehrende trübe Stimmung, die ihm in einem seiner damaligen Briefe das Geständniß entlockte: "es gehöre viel Muth dazu, ein so freudenloses Dasein zu ertragen, und allein von den Gütern der Phantasie zu leben." Die verlorene Ruhe und Heiterkeit fand er erst wieder, als er in Lauchstädt, wohin er damals gereist war, mit dem Geständniß seiner Liebe hervorzutreten wagte, und Charlotte ihm ihre Hand versprach.

Die herannahenden Ferien benutzte Schiller zu einem Ausflug nach Rudolstadt. Das Wiedersehn der Geliebten hatte ihn erheitert. Bekümmert war er jedoch, daß sich ihm zu einer baldigen Verbindung keine Aussicht zeigte. Als Professor bezog er bisher keinen Gehalt. Auf seine Vorlesungen konnte er sich nicht verlassen. Er mußte, wie früher, zur Feder greifen, um für die nöthigsten Bedürfnisse sorgen zu können.

Auf eine schriftliche Vorstellung an den Herzog von Weimar erhielt er die Zusicherung eines Jahrgehalts von 200 Thalern. Auch Karl Theodor v. Dalberg, Coadjutor von Mainz und Statthalter zu Erfurt, ein älterer Bruder des Freiherrn v. Dalberg in Mannheim, eröffnete dem Dichter Aussichten zu einer seinen Wünschen und Neigungen entsprechenden Stelle.

Am 20. Februar 1790 ward Schiller mit Charlotte von Lengefeld in Wenigen- Jena durch den Pfarrer

Schmid getraut. Einige Monate nach seiner Verheirathung schrieb er seinem Freunde Körner: "Es lebt sich doch ganz anders an der Seite einer lieben Frau, als so verlassen und allein. Jetzt erst genieße ich die schöne Natur ganz, und lebe in ihr. Ich sehe mit fröhlichem Geiste um mich her, und mein Herz findet eine immerwährende sanfte Befriedigung außer sich, mein Geist eine so schöne Nahrung und Erholung. Mein Daseyn ist in eine harmonische Gleichheit gerückt, nicht leidenschaftlich gespannt, aber ruhig und hell gehen mir die Tage dahin. Meinem künftigen Schicksal sehe ich mit heiterem Muth entgegen. Jetzt, da ich am erreichten Ziel stehe, erstaune ich selbst, wie Alles doch über meine Erwartung gegangen ist. Das Schicksal hat die Schwierigkeiten für mich besiegt, es hat mich zum Ziele gleichsam getragen. Von der Zukunft hoffe ich Alles. Wenige Jahre, und ich werde im vollen Genuß meines Geistes leben, ja, ich hoffe, ich werde wieder zu meiner Jugend zurückkehren; ein inneres Dichterleben giebt sie mir zurück."

Schillers damalige Stimmung war so ruhig und gleichförmig, daß nur selten eine Aeußerung an seine frühere Leidenschaftlichkeit erinnerte, wie unter andern, als er einst bei der Erzählung einer niederträchtigen Handlung eines in Jena angesehenen Mannes entrüstet in die Worte ausbrach: "man müsse sich wundern das solche Menschen im Gefühl ihrer Nichtswürdigkeit nicht augenblicklich verwesten." Als Erholung von geistesanstrengenden Arbeiten liebte Schiller gesellige Zerstreuungen, mitunter auch wohl Karten- und Kegelspiel. Immer aber blieb in seiner Natur ein ernster Sinn vorherrschend, der das Alltägliche mit dem Höhern und Idealen in eine gewisse Verbindung zu bringen suchte. So gab er einst beim Kegelschieben auf die Bemerkung eines der Mitspielenden über den herrlichen Abend die bedeutende Antwort. "Ach, man muß doch das Schöne in die Natur erst überall hineintragen!"

Den reinsten Genuß fand Schiller in einem engen Kreise guter und geistvoller Menschen, besonders in dem Umgange mit Griesbach und Paulus. Wo jeder Einzelne seine Originalität geltend machen konnte, fühlte er sich am wohlsten. Sein fester Sinn bewährte sich in der lebhaften Mißbilligung eines Vorschlags im akademischen Senat: den Jenaischen Studenten, die nach manchen tumultuarischen Auftritten die Stadt verlassen und sich nach Nora bei Erfurt begeben hatten, entgegen zu gehen und sie einzuholen. Dadurch, meinte Schiller, vergebe der akademische Senat sein Ansehen und seine Würde. Nur unter dem Versprechen eines bescheidenen und anständigen Betragens von Seiten der Studirenden müßte ihnen die Erlaubniß zur Rückkehr ertheilt werden. Schiller ward überstimmt und fand dadurch um so mehr Grund, jenen Schritt laut und unverholen zu tadeln. Demungeachtet erhielt er sich bei den Studirenden in fortwährender Achtung. Eine von den Landsmannschaften an ihn abgesandte Deputation bat ihn um Verzeihung, daß in Folge der tumultuarischen Bewegungen durch ein Versehen auch ihm die Fenster eingeworfen worden. In größere Irrungen gerieth Schiller mit einigen seiner Amtscollegen. Weil er sich auf den Titel einer gedruckten Vorlesung, statt Professor der Philosophie, Professor der Geschichte genannt hatte, erlaubte sich der Professor Heinrich, dem das historische Fach übertragen worden, den Titel jener Vorlesung von dem Buchladen, wo er angeschlagen war, durch einen Pedell herunterreißen zu lassen. Ueber diese Jämmerlichkeit äußerte sich Schiller sehr bitter in einem seiner damaligen Briefe.

Die durch jene Kämpfe mit der Außenwelt ihm geraubte Ruhe fand Schiller in seinem häuslichen Kreise wieder. Wechselseitige Harmonie des Geschmacks und der Empfindung machte seine Ehe zu einer sehr glücklichen. Auch dadurch ward ihm seine Gattin besonders werth, daß ihr feiner Tact sein Urtheil bestimmte und leitete. Er mußte ein Wesen um sich haben, dem er seine Ideen mittheilen konnte. Für einen Geist, wie den seinigen, waren gleichwohl die Schranken des häuslichen Lebens jedenfalls zu enge. Geschah es nun auch, daß seine wechselnde Stimmung, manche Eigenheiten, besonders die Liebe zur Einsamkeit, mitunter einige Mißverhältnisse in seiner Ehe erzeugten, so wurden sie durch Schillers Gutmüthigkeit bald wieder beseitigt. Mit Grund behauptete einer seiner vertrauteren Freunde, daß eine leichtsinnige, nach sinnlichen Freuden haschende und Zerstreuung liebende Gattin für Schiller durchaus nicht gepaßt haben würde.

Seine Lage war übrigens nichts weniger als sorgenfrei. Auch nachdem er als Professor einen kleinen Gehalt bezog, durfte seine literarische Thätigkeit nicht ruhen, wenn er sich eine anständige Subsistenz sichern wollte; so mäßig auch seine Ansprüche waren. Neben der Fortsetzung der "Thalia" und Recensionen für die Allgemeine Literaturzeitung, beschäftigte ihn vorzüglich eine mit Paulus, Woltmann u. a. Freunden unternommene Herausgabe von "Historischen Memoiren", für die er selbst eine einleitende Abhandlung und einige, später in der Sammlung seiner Werke wieder abgedruckte Aufsätze schrieb. Durch den Buchhändler Göschen in Leipzig aufgefordert, verfaßte Schiller eine "Geschichte des dreißigjährigen Krieges", die zuerst als "Historischer Kalender für Damen" erschien und von Wieland mit einer empfehlenden Vorrede begleitet ward.

Historische Forschungen waren damals für Schiller von hohem Interesse. Es lag aber in seiner Natur, daß Geschichte in der höhern Bedeutung dieses Worts für ihn nie zur eigentlichen Lebensaufgabe werden konnte. Sie war ein nothwendiger, aber vorübergehender Moment in seiner Selbstbildung. Seine eigenthümlichsten Talente ragten über die Geschichte weit hinaus, und sie trat in den Hintergrund durch das wachsende Interesse an philosophischen und ästhetischen Studien, deren Ausbeute er auch Andern mitzutheilen wünschte. Einige Vorlesungen, die er im Sommer 1790 über den "Oedipus" des Sophokles hielt, führten ihn zum Studium der Poetik des Aristoteles, und er fühlte sich, nach mehrern seiner damaligen Briefe, "erhoben und gestärkt durch die in jenem Werke enthaltenen liberalen Kunstansichten."

Die von Schiller damals geschriebenen Aufsätze: "Ueber den Grund des Vergnügens an tragischen Gegenständen" und "Ueber die tragische Kunst" verdankten ihre Entstehung den erwähnten ästhetischen Studien. Verdrängt wurden diese jedoch wieder durch das überwiegende Interesse für die Kantische Philosophie, die in Jena damals zahlreiche und enthusiastische Verehrer zählte. Unter diesen befanden sich Männer, mit denen Schiller nähern Umgang hatte, wie Reinhold, Paulus, Niethammer u. A. Er war ein Mitglied des Klubbs, in welchem die genannten Gelehrten nebst einigen andern, wie Göttling und Hufeland, sich wöchentlich zu philosophischen Gesprächen einfanden. Noch behaglicher würde sich Schiller in jenem Cirkel gefühlt haben, wenn es ihm leichter geworden wäre, sich an Individuen anzuschließen, die sich um seine Freundschaft bewarben. Gegen Unbekannte und Fremde, die ihn nicht besonders interessirten, verrieth sein Wesen eine Verschlossenheit, die bisweilen an schneidende Kälte grenzte.

Demungeachtet zeigte sich, als seine von Natur schwache Gesundheit heftig erschüttert ward, die allgemeine Liebe und Verehrung für ihn in der lebhaftesten Theilnahme, die kein Opfer scheute. Anstrengende Geistesarbeiten und Nachtwachen hatten seinen Körper sehr geschwächt. Durch seine eingezogene Lebensweise war er überdieß der Erkältung leicht ausgesetzt. Bei einem Besuch, den er mit seiner Gattin dem Coadjutor Dalberg in Erfurt machte, überfiel ihn zu Anfange des Jahres 1791 ein heftiges Fieber, das bei seiner Rückkehr nach Jena bald in eine lebensgefährliche Brustkrankheit ausartete.

Bereitwillig erboten sich Schillers Freunde zu allem, was irgend zur Erleichterung seines Zustandes dienen konnte. Mehrere seiner Zuhörer, unter andern der späterhin als Dichter unter dem Namen Novalis bekannte Freiherr v. Hardenberg und ein junger Livländer, v. Adlerskron, unterzogen sich Nachts seiner Wartung und Pflege. Schillers Brustkrämpfe wurden zwar durch ärztliche Hülfe beseitigt, aber sein körperlicher Zustand blieb zerrüttet für seine ganze übrige Lebenszeit. Seine Schwäche war so groß, daß er öffentliche Vorlesungen aussetzen mußte. Zur Thätigkeit spornte ihn jedoch die Kraft seines Geistes, die sich unter seinen physischen Leiden fast ungeschwächt erhalten hatten. Er nahm zu Privatvorträgen in seinem Zimmer seine Zuflucht.

Selbst mit einigen poetischen Entwürfen beschäftigte er sich wieder. Mit Bürger, den er, wie früher erwähnt, in der letzten Zeit seines Aufenthalts in Weimar kennen gelernt, hatte Schiller, nach einer Aeußerung in einem seiner damaligen Briefe, sich vorgenommen, "einen kleinen Wettkampf der Kunst einzugehen." Beide wollten ein und dasselbe Stück aus Virgil's Aeneide, doch jeder in einer andern Versart übersetzen. Von seiner metrischen Uebersetzung, für die er die italienischen Ottave rime wählte, versprach sich Schiller viel, und las seinem Freunde Conz, der ihn damals in Jena besuchte, mit einem gewissen Selbstgefühl einige Proben vor. Eine großartige Wirkung versprach er sich auch von einer "Hymne an das Licht" und von einer "Theodicee" nach Kantischen Prinzipien. Er entwarf zu beiden Gedichten den Plan; die Ausführung aber unterblieb.

Auch die durch seine Beschäftigung mit der "Geschichte des dreißigjährigen Krieges" in ihm geweckte Idee, den König von Schweden zum Helden eines epischen Gedichts zu wählen, gab Schiller wieder auf. In einem seiner Briefe hatte er gemeint, unter allen historischen Stoffen, wo sich das poetische Interesse mit dem nationalen und politischen noch am besten vereinigen lasse, stehe Gustav Adolph oben an. "Eine merkwürdige Action Friedrichs II zu einem Epos zu benutzen", war nach einer brieflichen Aeußerung Schillers, ein Plan, bei dem er ziemlich lange verweilte. Er hoffte die mannichfachen Schwierigkeiten zu besiegen, welche der moderne Stoff und die scheinbare Unverträglichkeit des epischen Tons mit einem gleichzeitigen Gegenstande herbeiführten. Auch über die metrische Form, die er seinem Gedicht geben wollte, war er mit sich einig geworden. Er wollte dasselbe Versmaß wählen, wie bei seiner Uebersetzung des Virgil. Durch die italienische Stanze hoffte er den Wohlklang seines Gedichts zu erhöhen. Es blieb jedoch bei diesen Vorbereitungen. Dramatische Entwürfe zogen ihn wieder von der epischen Gattung ab, ungeachtet er auch zu jenen kein rechtes Vertrauen gewinnen konnte.

Wieland, meinte Schiller, habe recht gehabt, als er ihm einst Mangel an Leichtigkeit vorgeworfen. Das Gleichgewicht seiner Kräfte war gestört, seit die Reflexion die poetischen Bilder verscheuchte, die ihm seine Phantasie in glücklichen Augenblicken zuführte. In einem Briefe an Körner gestand er offen: "er glaube, die Kritik habe ihm geschadet, weil er schon seit mehreren Jahren die Kühnheit und Gluth der Phantasie vermisse, die ihn beseelt habe, als ihm noch keine Regel bekannt war."

Für ein dringendes Bedürfnis hielt Schiller eine gründliche philosophische Bildung. Unter Kant's Schriften, die er mit ernstem Eifer studirte, fiel seine Wahl zuerst auf die "Kritik der Urteilskraft." Begeistert von den neuen und lichtvollen Ideen, die er aus diesem Werke geschöpft, war Schiller nach einer Aeußerung in einem seiner damaligen Briefe, "fest entschlossen, nicht eher nachzulassen, als bis er die Kantische Philosophie ergründet habe, und wenn ihm dies auch drei Jahre kosten sollte." Seine Absicht war, die Kantischen Ideen, die er sich selbstständig angeeignet, in einem Collegium über Aesthetik, das er in dem Winter von 1791-1792 lesen wollte, öffentlich mitzuteilen. Man könne, meinte Schiller, fast nichts Neues mehr auf dem Katheder sagen, wenn man sich nicht vornehme, nicht Kantisch zu seyn.

Die Hauptresultate seines Studiums der Kantischen Philosophie enthielten Schillers Abhandlungen: "Ueber Anmuth und Würde; vom Erhabenen;" und die "Zerstreuten Betrachtungen über verschiedene ästhetische Gegenstände." Nach einem mit seinem Freunde Körner verabredeten Plan traten zu den genannten Abhandlungen später noch die von Schiller verfaßten "Briefe über die ästhetische Erziehung des Menschen" hinzu, die er Anfangs in der Form eines philosophischen Gesprächs hatte herausgeben wollen, diesen Entschluß aber wieder aufgab, als sich mit seinen neuaufkeimenden Ideen auch sein anfänglicher Plan erweiterte. Viel versprach sich Schiller auch von einer Abhandlung "über das Naive", in welcher er vorzüglich den Contrast zwischen Einfalt der Natur und der Cultur schildern wollte.

So anhaltender Geistesanstrengung unterlag seine von Natur schwache Constitution. Kant's Kritik der Urtheilskraft, aus der er sich bedeutende Stellen vorlesen ließ, gewährte ihm Trost und Stärke in seinem Leiden, als er im Juni 1791, während eines Besuchs in Rudolstadt, von einem abermaligen Anfall seines Brustübels heimgesucht ward, der ihn dem Tode nahe brachte. In diesem Vorgefühl äußerte er einst: "Dem allwaltenden Geist der Natur müssen wir uns ergeben, und wirken, so lange wir es vermögen." Aerztliche Mittel beseitigten nach und nach seine Brustkrämpfe. In schlaflosen Nächten las er viel, vorzüglich Reisebeschreibungen. Diese Gewohnheit übte bald eine so unwiderstehliche Macht auf ihn aus, daß er, die Ordnung der Natur umkehrend einen großen Theil des Tages zu dem entbehrten nächtlichen Schlummer verwandte.

In Karlsbad, wohin er im Juli 1791 mit seiner Gattin gereist war, führte er ein sehr zurückgezogenes Leben. Er beschränkte sich fast nur auf den Umgang mit einigen österreichischen Offizieren, die ihn besonders deßhalb interessirten, weil es ihm darum zu thun war, einen Stand näher kennen zu lernen, den er in seinem "Wallenstein" Schildern wollte. Die Idee, diesen großen Feldherrn zum Helden eines Trauerspiels zu wählen, war damals in ihm rege geworden. Was auf Wallenstein irgend Bezug hatte, war ihm wichtig. Er betrachtete sein Bild auf dem Rathhause zu Eger, und ließ sich die Wohnung zeigen, wo er ermordet worden. Die Hoffnung, wieder zu genesen, erheiterte ihn sichtbar. Das Bad äußerte eine so günstige Wirkung, daß er, wenigstens einigermaßen gestärkt, seinem Verleger Göschen, den er in Karlsbad traf, die Fortsetzung des "dreißigjährigen Krieges" für den nächsten Jahrgang des Damenkalenders versprechen konnte.

Wiederholte Rückfälle seines Brustübels ließen jedoch, als Schiller wieder nach Jena zurückgekehrt war, das Schlimmste befürchten. Mitten unter diesen Leiden blieb er heiter und empfänglich für frohen Lebensgenuß. Wollte er jedoch genesen, so mußte er jeder anstrengenden Geistesarbeit entsagen. Die Gefahr, in der sein Leben schwebte, setzte seine zahlreichen Verehrer in Schrecken. Zu diesen gehörte besonders der dänische Dichter Jens Baggesen. In einem Briefe, den er von Reinhold empfangen, hatte dieser gemeint, Schiller könnte sich vielleicht wieder erholen. Nur müßte er nicht, wie bisher, auf eine unausgesetzte literarische Thätigkeit hingewiesen seyn. Alles käme darauf an, ihn wenigstens einige Jahre in eine sorgenfreie Lage zu versetzen. Dies Schreiben las Baggesen dem damaligen Erbprinzen von Holstein-Augustenburg vor, der vereinigt mit dem dänischen Staatsminister Grafen von Schimmelmann dem leidenden Dichter eine Pension von tausend Thalern auf drei Jahre anbot. Dem Briefe, in welchem jene beiden Männer sich zu dieser edelmüthigen Unterstützung bereit erklärten, war eine an Schiller gerichtete Einladung beigefügt, nach Dänemark zu kommen. Das Schreiben war vom 27. November 1791 datirt.

Von der Feinheit, mit der ihm jenes Geschenk angeboten worden, war Schiller fast noch mehr gerührt, als von dem Anerbieten selbst. Der Drang der Empfindungen bei jener Ueberraschung hatte ihn jedoch so ergriffen, daß sein Gesundheitszustand sich wieder verschlimmerte. Er mußte die Beantwortung der von dem Prinzen und dem Grafen empfangenen Briefe einige Tage verschieben. Den 16. December 1791 schrieb er einen sehr ausführlichen Brief an Baggesen, in welchem er sich zur Annahme der ihm so edelmüthig dargebotenen Unterstützung mit dankbarem Herzen bereit erklärte. Er warf zugleich in jenem Schreiben einen Rückblick auf seinen Lebensgang und auf die Fesseln widerwärtiger Verhältnisse, von denen er sich bisher nie ganz habe befreien können.

"Von der Wiege meines Geistes an", schrieb Schiller, "habe ich mit dem Schicksal gekämpft, und seitdem ich die Freiheit des Geistes zu schätzen weiß, war ich dazu verurtheilt, sie zu entbehren. Ein rascher Schritt vor zehn Jahren schnitt mir auf immer die Mittel ab, durch etwas anderes, als durch schriftstellerische Wirksamkeit zu existiren. Ich hatte mir diesen Beruf gegeben, ehe ich seine Forderungen geprüft, seine Schwierigkeiten übersehen hatte. Die Nothwendigkeit, ihn zu treiben, überfiel mich, ehe ich ihm durch Kenntnisse und Reife des Geistes gewachsen war. Daß ich dieses fühlte, daß ich meinen Idealen von schriftstellerischen Pflichten nicht diejenigen engen Grenzen setzte, in welche ich selbst eingeschlossen war, erkenne ich für eine Gunst des Himmels, der mir dadurch die Möglichkeit des höhern Fortschritts offen hielt. Aber in meinen Umständen vermehrte sie mein Unglück. Unreif und tief unter dem Ideal, das in mir lebendig war, sah ich jetzt alles, was ich zur Welt brachte, bei aller geahnten möglichen Vollkommenheit mußte ich mit der unzeitigen Frucht vor die Augen des Publikums eilen; der Lehre selbst so bedürftig, mich wieder meinen Willen zum Lehrer der Menschen aufwerfen. Jedes unter so ungünstigen Umständen nur leidlich gelungene Product ließ mich nur desto empfindlicher fühlen, wie viele Keime das Schicksal in mir unterdrückte. Traurig machten mich die Meisterstücke anderer Schriftsteller, weil ich die Hoffnung aufgab, ihrer glücklichen Muße theilhaftig zu werden, an der allein die Werke des Genius reifen. Was hätte ich nicht um zwei oder drei stille Jahre gegeben, die ich, frei von schriftstellerischer Arbeit, blos dem Studiren, blos der Ausbildung meiner Begriffe, der Zeitigung meiner Ideale hätte widmen können! Zugleich die strengen Forderungen der Kunst zu befriedigen, und seinem schriftstellerischen Fleiß auch nur die nothwendigste Unterstützung zu verschaffen, ist in unserer deutschen literarischen Welt unvereinbar. Zehn Jahre habe ich mich angestrengt, beides zu vereinigen; aber es nur einigermaßen möglich zu machen, kostete mir meine Gesundheit. — Zu einer Zeit, wo das Leben anfing, mir seinen ganzen Werth zu zeigen, wo ich nahe daran war, zwischen Vernunft und Phantasie in mir ein zartes und ewiges Band zu knüpfen, wo ich mich zu einem neuen Unternehmen im Gebiet der Kunst gürtete, nahte sich mir der Tod. Diese Gefahr ging zwar vorüber, aber ich erwachte nur zum andern Leben, um mit geschwächten Kräften und verminderten Hoffnungen den Kampf mit dem Schicksal zu erneuen. So fanden mich die Briefe, die ich aus Dänemark erhielt."

Seinem Herzen gereichte es zur Ehre, daß Schiller in seinem Schreiben das Ablehnen einer Reise nach Kopenhagen nicht blos durch seinen noch immer wankenden Gesundheitszustand, sondern auch durch die Dankbarkeit motivirte, die ihn an den Herzog von Weimar feßle. Mit seinen Freunden in Dänemark, vorzüglich mit der Gräfin von Schimmelmann, blieb Schiller in fortwährender geistiger Verbindung. Die Liebe und Hochachtung gegen seine Gönner bethätigte er außerdem dadurch, daß er seine "Briefe über die ästhetische Erziehung des Menschen" dem Prinzen von Holstein-Augustenburg widmete.

Der Herzog von Weimar ertheilte ihm auf sein Gesuch die Erlaubniß, Jena auf beliebige Zeit zu verlassen. Schiller reiste nach Dresden. Sein dortiges Zusammentreffen mit seinem Freunde Körner ward durch wiederholte Rückfälle seines Brustübels getrübt. In Jena erfreute ihn der Besuch seiner Mutter, die er seit acht Jahren, nach der früher erwähnten Zusammenkunft mit ihr in Bretten, nicht wieder gesehen hatte. Mit ihr war auch Schillers jüngste Schwester Nanette gekommen. Ein funfzehnjähriges talentvolles Mädchen, deren große Freude es war, Stellen aus ihres Bruders Gedichten zu recitiren.

Lebhaft regte sich in Schiller das Verlangen, sein Vaterland wieder zu sehen. In einer minder drückenden Lage konnte er jetzt seinen Verwandten und Freunden ohne Scheu entgegentreten. Begleitet von seiner Gattin reiste er im August 1793 nach Schwaben. Nicht ohne innere Bewegung sah er in Heidelberg seine Jugendgeliebte Margarethe Schwan wieder, die er dort verheirathet fand. In Heilbronn versammelten sich seine Eltern und mehrere Freunde um ihn. Auf ein Schreiben an den Herzog von Würtemberg, dessen Land er jetzt zum erstenmal nach seiner Flucht wieder zu betreten wagte, erhielt er zwar keine Antwort, doch durch seine Freunde die Nachricht, der Herzog habe öffentlich erklärt, Schiller werde von ihm ignorirt werden.

Um dem Luftschloß Solitude, wo seine Eltern wohnten, näher zu seyn, ging Schiller nach Ludwigsburg. Dort fand er seinen Jugendfreund v. Hoven, als herzoglichen Leibmedikus wieder. Von seiner ärztlichen Hülfe hoffte er Wiederherstellung seiner Gesundheit. In Ausdrücken der tiefsten Empfindung äußerte er sich über das Glück der ersten Vaterfreude, das ihm in Ludwigsburg zu Theil ward. Nach den Grundsätzen Quinctilians, mit dem er sich damals beschäftigte, wollte er seinen Sohn Karl erziehen lassen, wie er sich darüber gegen einen Freund äußerte.

In Schillers ganzem Wesen war, übereinstimmenden Zeugnissen zufolge, eine merkwürdige Veränderung vorgegangen. Das Herbe und Schroffe in seiner Natur hatte sich gemildert. In dem Ernst und der Würde seines Benehmens zeigte sich kaum noch eine Spur seines aufbrausenden, stürmischen Charakters. Seine hagere Gestalt, sein bleiches Gesicht verriethen seine oft wiederkehrende Kränklichkeit, die seinen Freunden nur selten erlaubte, Schillers geistreichen und herzlichen Umgang ungestört zu genießen. Unter seinen oft hartem Leiden tröstete er sich mit den ihm lieb gewordenen Studium von Kant's Schriften. Wenn er genöthigt war das Bett zu hüten, und, nach seinem eigenen Ausdruck, "von Arzeneigläsern sich umlagert sah", lag die "Kritik der Urtheilskraft" meist neben ihm auf dem Tische, und scherzend äußerte er einst, sein Diener, der bei ihm gewacht, habe, um sich munter zu erhalten, das ganze Buch in Einem Zuge durchgelesen. Abwechselnd las er die Vossische Uebersetzung des Homer, die er sehr liebte. Mitunter regten sich in ihm auch allerlei poetische Entwürfe. Er meinte, die Beschäftigung mit abstracten philosophischen Problemen habe nachtheilig eingewirkt auf seine dichterische Productionskraft. "Und doch ist es", gestand Schiller seinem Freunde Körner, "nur die Kunst selbst, wo ich meine Kräfte fühle. In der Theorie muß ich mich immer mit Principien plagen; da bin ich bloßer Dilettant."

In Tübingen sah Schiller seinen Jugendlehrer Abel wieder, der ihn an sein Vaterland zu fesseln suchte, das nach dem um diese Zeit erfolgten Tode des Herzogs Carl von Würtemberg eine neue und minder willkürliche Verfassung bekommen hatte. Jenem Antrage gab Schiller jedoch kein Gehör, und eben so wenig der Bitte seines Vaters, dem neuen Regenten Ludwig Eugen in einem Gedicht zu seinem Regierungsantritt Glück zu wünschen. Für unwürdig hielt es Schiller, die Poesie zu irgend einem Vortheil oder zu andern untergeordneten Zwecken zu benutzen. Auch wollte er den Schein vermeiden, als freue er sich über den Tod eines Fürsten, durch dessen Willkühr er so viel gelitten. Nie vergaß er die Wohlthaten, die er dem Herzog in seiner Jugend zu verdanken gehabt hatte.

Einflußreich für seine spätern Lebensverhältnisse war für Schiller die in Tübingen angeknüpfte Verbindung mit der Cottaischen Buchhandlung. Er trat jedoch zurück von dem ihm gemachten Antrage, die Allgemeine Deutsche Zeitung zu redigiren, da die politisch-poetische Richtung, welche Cotta jener Zeitschrift zu geben wünschte, Schillers Geiste zu fern lag. Seinen Fähigkeiten und Neigungen weit angemessener, als jenes Blatt, war die Herausgabe eines poetischen Journals unter dem Titel: "die Horen." Die neue Zeitschrift sollte, nachdem die "Thalia" aufgehört hatte, mit dem Anfange des Jahres 1795 erscheinen. Politische Gegenstände sollten von diesem Journal gänzlich ausgeschlossen seyn. Nach der von Schiller geschriebenen Vorrede sollten die "Horen" einer heitern und leidenschaftsfreien Unterhaltung gewidmet seyn. Dem Geist und Herzen des Lesers, den der Anblick der Zeitbegebenheiten bald entrüste, bald niederschlage, sollte diese Zeitschrift eine fröhliche Zerstreuung gewähren, und mitten in dem politischen Tumult sollte sie für Musen und Charitinnen einen engen vertraulichen Cirkel schließen, aus welchem alles verbannt wäre, was mit einem unreinen Partheigeiste gestempelt sei.

Mehrere der achtenswerthesten Schriftsteller Deutschlands, Goethe, Herder, Kant, Fichte, Humboldt u. A. waren von Schiller zu Beiträgen für die "Horen" aufgefordert worden. Für das neue Journal zeigten sich die günstigsten Aussichten durch vielversprechende Antworten, welche Schiller von mehreren Seiten erhielt. Mit einzelnen der erwähnten Gelehrten war er in nahe Berührung gekommen, unter andern mit Wilhelm von Humboldt, der sich damals mit seiner Gattin in Jena häuslich niedergelassen hatte. Die philosophischen und ästhetischen Abendgespräche zwischen Schiller und Humboldt zogen sich oft bis in die Nacht hinein. Ein besonderes Interesse gewann die Herausgabe seines Journals noch dadurch für Schiller, daß er mit Goethe, den er zur Theilnahme an den "Horen" aufgefordert, in das längst von ihm gewünschte nähere Verhältniß trat, welchem sich Goethe, aus entschiedner Abneigung gegen Schillers frühere Producte, bisher entzogen hatte.

Schillers Gespräche mit Goethe über Kunst und Kunsttheorie weckten in ihm den Gedanken, die Correspondenz mit jenem Dichter zu einer Quelle von Aufsätzen für die "Horen" zu benutzen. Schiller freute sich sehr über den fruchtbaren Ideenwechsel, der aus seinem näheren Verhältniß mit Goethe entsprang. Mit Vergnügen folgte er daher einer Einladung Goethes, nach Weimar zu kommen, und sich dort einige Wochen in seinem Hause aufzuhalten. Goethe hatte ihm jede Freiheit und Bequemlichkeit zugesichert, die theils sein körperlicher Zustand, theils seine gewohnte Lebensweise forderte.

Zu Ende des Septembers 1794 war Schiller wieder nach Jena zurückgekehrt, noch voll von den mannigfachen Ideen, die Goethe in ihm angeregt hatte. Neben der Vollendung seiner "Briefe über die ästhetische Erziehung des Menschen" beschäftigte er sich mit einer Recension von Matthisson's Gedichten, den er in Tübingen persönlich kennen gelernt hatte.

Aehnliche Gedanken, wie er sie in seinem Gedicht: "die Künstler" ausgesprochen, enthielt Schillers geistreiche Kritik der Gedichte Matthissons. Was er einige Jahre zuvor (1788) in einer Recension von Goethe's "Egmont" diesem Trauerspiel zum Vorwurf gemacht hatte, daß demselben Idealität fehle, das legte Schiller mit noch größerem Nachdruck seiner sehr strengen Beurtheilung der Gedichte Bürgers zum Grunde, durch welche er diesen an Glück und Ruhm verarmten Dichter in den letzten Tagen seines Lebens bitter kränkte.

Sehr günstig hatte Goethe die in Schillers "Briefen über die ästhetische Erziehung des Menschen" enthaltenen Ideen beurtheilt. Dadurch fühlte sich Schiller getröstet über den Widerspruch Herders, der ihm, wie er äußerte, seine Vorliebe für Kant nicht verzeihen könne. Ungeachtet des glänzenden Denkmals, das Schiller in einem Briefe vom 28. October 1794 der Kantischen Philosophie setzte, ward er derselben wieder entfremdet durch anderweitige literarische Beschäftigungen. Goethe's Schriften, besonders die Lectüre des "Wilhelm Meister" gewährten ihm damals einen hohen Genuß. Er fühlte sich, wie er am 7. Januar 1795 schrieb, "von einer süßen innigen Behaglichkeit, von einem Gefühl geistiger und leiblicher Gesundheit durchdrungen. Es sei ihm peinlich zu Muthe, von einem Product dieser Art in das philosophische Wesen hineinzusehen. Dort sei alles so heiter, so lebendig, so harmonisch aufgelöst und so menschlich wahr; hier alles so streng, so rigid und abstract und so höchst unnatürlich, weil alle Natur nur Synthesis und alle Philosophie Antithesis sei. Zwar glaubte er, sich das Zeugniß geben zu können, in seinen Speculationen der Natur so getreu als möglich geblieben zu seyn.

Aber dennoch fühle er nicht weniger lebhaft den unendlichen Abstand zwischen dem Leben und dem Raisonnement." So viel, meinte er, sei gewiß: der Dichter wäre der einzige wahre Mensch, und der beste Philosoph gegen ihn nur eine Carricatur.

Mit dem Jahr 1795 begann eine neue Periode der poetischen Fruchtbarkeit Schillers. In dem Zeitraum von 1790 bis 1794 schien er, die metrischen Uebersetzungen aus dem Virgil abgerechnet, der Dichtkunst beinahe ganz entsagt zu haben. Theils in die "Horen", theils in den "Musenalmanach", den er mit dem Jahr 1795 herausgab, nahm Schiller mehrere seiner, durch Form und Inhalt besonders ausgezeichneten Gedichte auf, unter andern "die Ideale", das "Reich der Schatten" (später das "Ideal und das Leben" genannt), und die "Elegie", welcher er nachher die veränderte Ueberschrift: "der Spaziergang" gab. Auf das zuletzt genannte Gedicht legte Schiller einen besondern Werth. Das beste Kriterium der wahren Güte eines poetischen Products, meinte Schiller, sei dieses, daß es in jeder Gemüthsstimmung gefalle, und das sei ihm noch bei keinem Gedicht begegnet, als gerade bei diesem. Eine großartige Wirkung versprach er sich von einer Idylle, einem Gegenstück zu seiner "Elegie." Er wollte in diesem Gedicht "das Ideal der Schönheit objectiv zu idealisiren suchen," gab indeß diesen Plan, wie einige andere poetische Entwürfe, wieder auf.

In wechselnder Stimmung kehrte er wieder zur dramatischen Poesie zurück, für die sich sein Talent vorzugsweise eignete. Die Geschichte der Belagerung von Malta wollte er zu einem Trauerspiel benutzen, bei welchem er sich viel vom Gebrauch des Chors versprach, wie er ihn später in seiner "Braut von Messina" nach dem Muster der Griechen, wieder auf der Bühne einführte. Das durch Wieland ihm empfohlene Studium der Alten hatte noch immer viel Reiz für ihn, und er suchte sich ihre Vorstellungsweise anzueignen. Seine neue dramatische Dichtung nannte Schiller die "Ritter von Malta." Den Plan dieses Werkes findet man in des Dichters gesammelten Werken; die Ausführung unterblieb.

Auch den schon früher entworfenen Plan, den Wallenstein zum Helden einer Tragödie zu wählen, nahm er wieder auf, gestand aber, von einer augenblicklichen Muthlosigkeit ergriffen, seinem Freunde Körner: "Ich glaube mit jedem Tage mehr zu finden, daß ich nichts weniger vorstellen kann, als einen Dichter, und daß höchstens da, wo ich philosophiren will, der poetische Geist mich überrascht. Was ich im Dramatischen zur Welt gebracht, ist nicht sehr geeignet, mir Muth zu machen. Im eigentlichen Sinne des Worts betrete ich eine mir ganz unbekannte, wenigstens unversuchte Bahn; denn im Poetischen hab' ich seit drei bis vier Jahren ganz neuen Menschen angezogen."

Schillers Vertrauen zu seinen Kräften wuchs unter den mannichfachen dramatischen Vorbereitungen, die sich bis in den May 1796 hinzogen, wo er sich für den "Wallenstein" entschied. "Der Held seines neuen Trauerspiels," meinte er, "sei ein Charakter, der nur im Ganzen, doch nie im Einzelnen interessiren könne, denn er habe nichts Edles, erscheine in keinem Lebensact groß, habe wenig Würde u. dgl." Dennoch aber überließ sich Schiller der Hoffnung, auf rein realistischem Wege einen dramatisch großen Charakter in ihm aufzustellen, der ein ächtes Lebensprincip habe. Im "Posa" und "Karlos", bemerkte Schiller, habe er die fehlende Wahrheit durch schöne Idealität zu ersetzen gesucht, hier im "Wallenstein" wolle er den Versuch machen, durch die bloße Wahrheit für die fehlende Idealität zu entschädigen.

An sich und seine Arbeiten legte Schiller den strengsten Maßstab. Er wollte nach den ihm verliehenen Kräften das Höchste leisten. Daher seine glühende Begeisterung für alles Treffliche, aber auch sein eben so glühender Haß jedes falschen Geschmacks überhaupt, jeder Beschränkung der Wissenschaft und Kunst. Unterstützt durch die achtbarsten Schriftsteller Deutschlands hatte er sich von seinem Journal, "den Horen", eine großartige Wirkung versprochen. Jene Zeitschrift war jedoch von mehreren Seiten mit einer Kälte und Gleichgültigkeit aufgenommen worden, die an Geringschätzung grenzte.

In seiner dadurch sehr gereizten Stimmung vereinigte sich Schiller mit Goethe zu den unter dem Titel. "Xenien" bekannten Epigrammen. Nach Schillers eigner Aeußerung in einem Briefe an Körner sollte "wilde Satyre, besonders auf schriftstellerische Producte, untermischt mit einzelnen poetischen und philosophischen Gedanken blitzen", den Stoff zu diesen Epigrammen darbieten. Die Sammlung sollte aus nicht weniger als 600 Monodistichen bestehen. Der anfängliche Plan, sie bis auf 1000 zu vermehren, scheiterte durch den Mangel an Productivität ihrer Verfasser. Immer war noch eine große Zahl von Monodistichen nöthig, wenn die Sammlung nur einigermaßen den Eindruck eines Ganzen machen sollte. Schiller entschloß sich daher, unter jenen Producten die ernsten und philosophischen in seinem "Musenalmanach" vereinzelt mitzutheilen, und die satyrischen unter der Ueberschrift "Xenien" nachfolgen zu lassen. Die allgemeine Sensation, welche jene Epigramme erregten, veranlaßte zahlreiche Gegenschriften, theils in Prosa, theils in Versen, von Gleim, Claudius, Manso, Nicolai u. A., die in jenen satyrischen Producten sehr hart angegriffen worden waren. Man findet diese, längst aus den Augen des Publikums verschwundenen Gegenschriften in dem von E. Bons neuerlich herausgegebenem Werke: "Schiller und Goethe im Xenienkampf."

Sehr beunruhigend waren für Schiller die Nachrichten, die er um diese Zeit, im Frühjahr 1796, von der traurigen Lage seiner Familie erhielt. Aus der Solitude gelangte an ihn ein Brief, der ihm den frühen Tod seiner jüngsten Schwester Nanette meldete. Von dem epidemischen Fieber, welches das blühende Mädchen hinweggerafft, war auch Schillers Vater, und bald nachher seine zweite Schwester Luise ergriffen worden. Die traurige Lage der Seinigen, der Gedanke an seine arme, des Trostes bedürftige Mutter bekümmerten ihn sehr. Seiner schwachen Gesundheit wegen getraute er sich nicht in seine Heimath zu reisen. Doch erbot er sich, als seine an den Bibliothekar Reinwald in Meiningen verheirathete Schwester Christophine sich zu ihren Eltern begab, dieselben nach allen seinen Kräften zu unterstützen. Einen tiefen Eindruck machte auf ihn der um diese Zeit erfolgte Tod seines Vaters. Als Schiller erfuhr, daß seine Mutter in Leonberg eine Art von Versorgung erhalten, und seine zweite Schwester Luise sich mit dem Stadtpfarrer Frankh in Möckmühl verheirathet hatte, kehrte mit der Beruhigung über das Schicksal seiner Familie, die in der damaligen Kriegsperiode sehr gefährdet gewesen war, ihm wieder einigermaßen die Ruhe zurück, deren er bei seinen literarischen Beschäftigungen so nöthig bedurfte.

In dem Umgange mit mehreren geistreichen Männern, die sich damals in Jena um ihn versammelten, erheiterte sich Schillers trübe Stimmung. Mit Fichte und Schelling kam er in nähere Berührung. Wilhelm von Humboldt war von Berlin, wo er sich eine Zeit lang aufgehalten, wieder nach Jena zurückgekehrt. Wilhelm v. Wolzogen war um diese Zeit Kammerrath und Kammerherr in Weimar geworden. So führte das Schicksal auch diesen Jugendfreund Schillers in seine Nähe. Einen seiner längst gehegten Lieblingswünsche sah Schiller um diese Zeit (1796) erfüllt durch den Ankauf einer Gartenwohnung. Sie lag in einer anmuthigen Gegend vor der Stadt zwischen dem sogenannten Engelgatter und dem Neuthor, an einer Schlucht, durch welche sich der Leutrabach schlängelt. An der obern Gartenecke, nach der Leutra hin, hatte Schiller sich ein von seiner Familienwohnung abgesondertes Häuschen bauen lassen, in welchem er während der Sommermonate oft bis tief in die Nacht zu arbeiten pflegte.

Mit dichterischen Erzeugnissen, theils lyrischer, theils dramatischer Gattung beschäftigte sich Schiller, wenn es ihm seine oft wiederkehrende Kränklichkeit irgend erlaubte. Durch einen Wetteifer mit Goethe veranlaßt, entstanden 1797 seine ersten Balladen, die "Kraniche des Ibykus", der "Taucher" u. a. m. Beide Dichter theilten sich in die Stoffe, die sie gemeinschaftlich ausgesucht hatten. Die Herausgabe seines "Musenalmanachs" hatte Schiller mit dem Jahr 1799 aufgegeben. Schon früher hatten die "Horen" geendet. Dadurch erhielt er mehr Muße, sich mit seinen dramatischen Entwürfen zu beschäftigen, namentlich mit dem "Wallenstein" und gleichzeitig mit den "Malthesern." Zu dem erstgenannten Trauerspiel gewann er immer mehr Vertrauen. Nur die große Ausdehnung des Stücks machte ihn mitunter besorgt.

Vollendet ward der "Wallenstein", den er in drei Theile zerfallen ließ, im Jahr 1798. Unter der Leitung des Baumeisters Thouret aus Stuttgart war damals ein neues Theater in Weimar erbaut worden. Zur Eröffnung der Bühne war das Vorspiel "Wallensteins Lager" bestimmt, welches Schiller seiner Tragödie vorangeschickt hatte. Schiller hatte sich nach Weimar begeben. Die Vorstellung übertraf seine kühnsten Erwartungen. Durch die "Piccolomini", den ersten Theil des "Wallenstein", sollte den 30. Januar 1799 der Geburtstag der Herzogin von Weimar gefeiert werden. Das Stück machte einen tiefen und gewaltigen Eindruck. Schiller selbst war mit der Darstellung sehr zufrieden. Wiederholt äußerte er den Schauspielern seine Freude darüber, die er auch dadurch zu erkennen gab, daß er zu dem Mahl im zweiten Act der "Piccolomini" noch einige Flaschen Champagner hinzufügte, die er selbst unter dem Mantel herbeitrug.

Neue dramatische Entwürfe beschäftigten den Dichter nach der Beendigung des "Wallenstein." Seine Thätigkeit ward jedoch oft gehemmt durch Rückfälle seines Brustübels, dann aber auch durch die ihm besonders lästigen Besuche zum Theil unbedeutender Fremden, die ihn, nach seinen eignen Worten, wie ein Wunderthier angafften. Scherzend äußerte er einst den Wunsch, daß irgend ein Potentat ihm Gefährliches zutrauen, ihn einige Monate auf eine Bergveste mit schöner Aussicht einsperren, und ihm nur erlauben möchte, auf den Wällen umher zu spazieren. Da sollten, meinte er, Werke entstehen, so recht aus einem Guß, an denen Verfasser, Mit- und Nachwelt sich erfreuen könnten.

Die Anschauung des Theaters war es hauptsächlich, wodurch Schiller bewogen ward, zu Ende des Jahres 1799 seinen bisherigen Aufenthalt in Jena mit Weimar zu vertauschen. In einem Schreiben an den Herzog von Weimar motivirte er sein Gesuch durch die Vorstellung, daß er nachdem er von philosophischen Studien wieder zur Poesie zurückgekehrt sei, sich durchaus nicht mehr am rechten Orte befände. Er erörterte dieß ausführlich, und bat zugleich um eine Vermehrung seines Gehalts. Den in seinem Briefe ausgesprochenen Ideen kam der Herzog von Weimar auf's Bereitwilligste entgegen, und seine reelle Hülfe erleichterte die Ausführung des Plans.

Schillers Leben in Weimar war heiter und mannigfach bewegt. Die Nähe des Theaters, seine Einwirkung darauf, erhielten ihn in einer äußern, ihm zusagenden Thätigkeit. Unter den Schauspielern, mit denen er in freundlichem Verkehr blieb, suchte er den höhern Kunstsinn zu wecken und viel versprechende Talente durch Rath und Belehrung zu fördern. Die Geistesfreiheit, die in den geselligen Verhältnissen Weimars herrschte, entsprach seiner Denk- und Empfindungsweise. In seinem Urtheil über Andere schien er milder geworden zu seyn. Unbeachtet ließ er den durch gekränkte Eitelkeit oder leidenschaftliche Entrüstung gegen ihn hervorgerufenen Tadel seiner Produkte in öffentlichen Blättern. Der Beifall, den Goethe seinen Werken zollte, war ihm besonders erfreulich. Das rein menschliche Urtheil dieses Dichters hatte für ihn, nach seinem eignen Ausdruck einen hohen Werth. Mit Wieland und Herder, wiewohl er mit den Letztern späterhin zerfiel, mit Meyer, Einsiedel, Bertuch und andern geistreichen Männern kam er in mehrfache Berührung. Nur mit Jean Paul, der sich damals in Weimar aufhielt, entstand kein näheres Verhältniß. Schiller verkannte nicht den Geist und das Talent des genannten Schriftstellers, aber die Formlosigkeit seiner Producte widerstand ihm. Mehr behagte ihm der gesunde, wahre Naturausdruck in Kotzebue's Schriften. Mit dem Autor selbst, der damals gleichfalls in seiner Nähe lebte, kam Schiller in keine nähere Berührung. Er bedauerte, daß ein so bedeutendes Talent, wie es Kotzebue besaß, durch die Flachheit seines geistigen und moralischen Sinnes fortwährend in einer niedern Sphäre erhalten worden sei.

Von seinen nächsten Umgebungen hatte sich Schiller im May 1800 nach Ettersburg zurückgezogen, um dort sein neues Trauerspiel "Maria Stuart", an welchem noch der letzte Act fehlte, zu vollenden. Im Juni des genannten Jahres erschien es auf der Bühne. An dramatischem Effect stand die neue Tragödie dem "Wallenstein" nicht nach. Doch erregte der Streit der beiden Königinnen, und noch mehr die Abendmahlsscene, mit der vorzüglich Herder unzufrieden war, manchen Anstoß. Schiller fand sich dadurch veranlaßt, bei der zweiten Aufführung seines Stücks, im Herbst 1800, manches darin zu ändern und abzukürzen.

Mit großem Interesse hatte er damals die von de l'Averdy aus den Manuscripten der Pariser Bibliothek herausgegebenen Acten über den Verdammungs- und Lossprechungsproceß der Johanna d'Arc gelesen. Er benutzte dieß historische Ereigniß zu seiner romantischen Tragödie: "die Jungfrau von Orleans." Um völlig ungestört arbeiten zu können, begab er sich nach Jena, wo er seine Gartenwohnung bezog. Er hatte sich so völlig isolirt, daß er nur mit Schelling und Niethammer in einige Berührung kam. In einem Briefe an Goethe vom 3. April 1801 äußerte er die Hoffnung, sein Trauerspiel in vierzehn Tagen zu vollenden. Er beschäftigte sich indeß damit noch beinahe sieben Monate. Ueber die Behandlung seines Stoffs und über einzelne Charaktere und Situationen seiner Tragödie erklärte er sich ausführlich in einem am 26. November 1801 geschriebenen Briefe. Er nannte die "Jungfrau von Orleans" in jenem Briefe ein in ihrer Art einziges Süjet, und einen beneidenswerthen Stoff für den Dichter.

Die Stimme der Kritik über sein neues Trauerspiel befriedigte ihn nicht. Auch die billigen Anforderungen an eine Recension fand er nicht erfüllt in einer damals von Apel für die Allgemeine Literaturzeitung geschriebenen Beurtheilung der "Jungfrau von Orleans". Jene Recension schien ihm ein bloßer Versuch, "die Prinzipien der Schellingschen Kunstphilosophie einem vorhandenen Werke anzupassen und darauf anzuwenden."

Von der Wirkung seines neuen Trauerspiels und von der Macht seines Talents überzeugte sich Schiller bei der Vorstellung der "Jungfrau von Orleans" in Leipzig. Der Enthusiasmus des Publikums äußerte sich, als der Vorhanggefallen war, durch den vielstimmigen Ruf: "Es lebe Friedrich Schiller!" Die Zuschauer drängten sich in dem überfüllten Schauspielhause, um den heraustretenden Dichter zu sehen. Schiller hatte sich damals von Leipzig nach Dresden begeben, wo er in dem nahegelegenen Loschwitz, auf Körners Weinberge, mehrere Wochen verweilte, in heitern Jugenderinnerungen, besonders an seinen "Don Carlos", den er dort gedichtet hatte. In fast wehmüthiger Stimmung verließ er Dresden, wo er mit dem durch Goethe und Meyer in ihm geweckten höhern Sinne für die plastische Kunst, sich heimathlicher als früher gefühlt hatte in der antiken Welt, deren Anschauung neue und fruchtbare Ideen in ihm weckte.

Sein Aufenthalt in Weimar ward ihm behaglicher, als bisher, durch ein bequemes und freundliches Haus an der sogenannten Esplanade. In diesem, von ihm damals gekauften Hause bewohnte er die obere Etage allein. Vor der Mittagssonne schützte ihn in seinem Zimmer ein carmoisinrother Vorhang, dessen röthlicher Schimmer, wie er meinte, auf seine produktive Stimmung belebend einwirkte. Zufällig war der Tag, an welchem er seine neue Wohnung bezog, der Todestag seiner Mutter. Wie schmerzlich ihn jene Nachricht ergriffen, schilderte er in einem Briefe an seine Schwester Christophine, die Gattin des Bibliothekars Reinwald in Meiningen.

Mit einer Kraft und Innigkeit, wie sie ihm, nach seinen eignen Worten, lange nicht begegnet, fühlte sich Schiller von einem neuen dramatischen Stoffe angezogen. Es war die "Braut von Messina." In einem Briefe vom 10. März 1802 meldete er, daß ihn jener Stoff schon sechs Wochen beschäftige. Erst zu Ende des Januar 1803 ward das neue Trauerspiel vollendet, und am 4. Februar ward es Abends in einer Gesellschaft von Freunden und Bekannten vorgelesen. Doch wohnte auch der Herzog von

Weimar jener Vorlesung bei. Ehe das Stück in Weimar zur Aufführung kam, ward es in Lauchstädt gegeben. In den ersten Tagen des Juli reiste Schiller dorthin. Bei dem Zusammenströmen zahlreicher Fremden fand er mit Mühe ein unweit dem Schauspielhause gelegenes Logis mit einem daran stoßenden Garten. Bei der Vorstellung des Stücks ereignete sich der Zufall, daß bei einem aufsteigenden schwereren Gewitter, die bisher entfernt gehörten Donnerschläge in dem Augenblicke, wo Isabella die gewaltigen Verwünschungen gegen den Himmel aussprach, sich bis zu einem furchtbaren Krachen verstärkten, und daß der Schauspieler Graff diesen Zufall zu einer Gesticulation benutzte, von der das ganze Publikum ergriffen ward.

In einigen Briefen, die Schiller aus Lauchstedt an seine in Weimar zurückgebliebene Gattin schrieb, beklagte er sich, ungeachtet der Zufriedenheit mit seinem Aufenthalt und seinen Umgebungen, doch über die Ungewohnheit eines gänzlichen Müssigganges, der ihn den Verlust der schönen Zeit bedauern lasse. Im Juli 1803 kehrte er wieder nach Weimar zurück, nachdem er einen Tag bei dem Kanzler Niemeyer in Halle zugebracht hatte. Bei der Rückkehr nach Weimar widmete er sich wieder seiner gewohnten Thätigkeit. Mannigfache poetische Entwürfe beschäftigten ihn. Reich an dramatischem Interesse schien ihm besonders die ältere französische Geschichte, namentlich die Zeit der Ligue. Zu seinen Lieblingscharakteren gehörte Heinrich IV. Die neuere Geschichte Frankreichs weckte in ihm die Idee, den Zustand der Polizei in Paris unter der Regierung Ludwigs XIV. zu einem dramatischen Gemälde zu benutzen. Diese Idee beschäftigte ihn längere Zeit. Nach seinen eignen Aeußerungen sollte über den bunten und mannigfachen Gestalten einer Pariser Welt wie Polizei, wie eine Art von höherem Wesen schweben, dessen Blick ein unermeßliches Feld überschaue und in die geheimsten Tiefen dringe, und für dessen Arm nichts unerreichbar wäre. Das von ihm beabsichtigte dramatische Gemälde sollte den Titel: "Die Kinder des Hauses" führen. Durch die Lectüre von Pitaval's Causes celebres, deren Uebersetzung durch Niethammer er mit einer Vorrede begleitet hatte, war die Idee zu jenem Drama zuerst in Schiller rege geworden.

Auch von der deutschen Geschichte versprach er sich eine reiche Ausbeute dramatischer Stoffe. Besonders anziehend war für ihn unter den vaterländischen Charakteren Friedrich von Oesterreich, der Gegner und Freund Ludwigs des Baiern. Mitunter ward auch der schon früh entworfene Plan wieder in ihm rege, einen zweiten Theil der "Räuber" zu schreiben, der die Dissonanzen dieses Schauspiels beseitigen sollte. Unter diesen mannigfachen Entwürfen bot ihm die Geschichte der Schweiz endlich einen dramatischen Stoff, von welchem er sich eine großartige Wirkung versprach. Es war das Schauspiel "Wilhelm Tell", das ihn jedoch ein volles Jahr beschäftigte und erst im Februar 1804 vollendet ward.

Eine große Bewegung in dem gesellschaftlichen Leben Weimars hatte nicht lange zuvor die Ankunft einiger Fremden veranlaßt. Zu diesen gehörten besonders Benjamin Constant und Frau v. Stael. Von den Gesprächen der eben genannten geistreichen Schriftstellerin fühlte sich Schiller angezogen. Drückend aber war ihm das Uebermaß französischer Lebhaftigkeit, das, nach seinen eignen Aeußerungen, die ruhige und gemüthliche Aufnahme des Geistigen störe. In einem Briefe an Goethe vom 21. December 1803, in welchem Schiller eine ausführliche Schilderung der Frau v. Stael entwarf, und besonders die Klarheit, Entschiedenheit und geistreiche Lebhaftigkeit ihrer Natur hervorhob, fügte er hinzu: "Das einzige Lustige ist die ganz ungewöhnliche Fertigkeit der Zunge. Man muß sich ganz in ein Gehörorgan verwandeln, um ihr folgen zu können."

Mitten unter jenen Zerstreuungen, die weder mit seiner Liebe zur Einsamkeit harmonirten, noch auf seinen oft leidenden körperlichen Zustand günstig einwirkten, erhielt Schiller manche Beweise der Aberkennung seines Talents. Der König von Schweden hatte ihm bei seiner Durchreise durch Weimar einen Brillantring zum Geschenk gemacht wegen der "Geschichte des dreißigjährigen Kriegs", worin Schiller der Schweden rühmlich gedacht hatte. Seinem Jugendfreunde Wilhelm v. Wolzogen schilderte er seine freudige Ueberraschung mit den Worten: "Wir Poeten sind selten so glücklich, daß die Könige uns lesen, und noch seltener geschieht es, daß sich ihre Diamanten zu uns verirren. Ihr Herrn Staats- und Geschäftsleute habt eine größere Affinität zu diesen Kostbarkeiten; aber unser Reich ist nicht von dieser Welt."

Noch vor der Vollendung seines "Wilhelm Tell", der im Februar 1804 zum erstenmal aufgeführt ward, hatte Schiller in der Geschichte des falschen Demetrius in Rußland einen neuen dramatischen Stoff gefunden. Er entwarf den Plan des Stücks und einzelne Scenen. In Stunden, wo er sich nicht heiter genug fühlte zu eignen Dichtungen, beschäftigte er sich mit einer metrischen Uebersetzung des Trauerspiels "Phädra" von Racine für das weimarische Theater, für welches er schon einige Jahre früher Shakspeares "Macbeth" und Gozzi's "Turandot" bearbeitet hatte. Auch für den Julius Cäsar des großen brittischen Dichters interessirte sich Schiller lebhaft. Die Idee, auch von diesem Trauerspiel eine Bearbeitung für die Bühne zu liefern, unterblieb jedoch.

Die von ihm aus dem Französischen übertragenen Lustspiele: der "Neffe als Onkel" und der "Parasit" reizten ihn, selbst in dieser Gattung einen Versuch zu wagen, die jedoch für ihn etwas Fremdartiges behielt. "Zwar glaub' ich", schrieb er, "mich derjenigen Comödie gewachsen, wo es mehr auf eine komische Zusammenfügung der Begebenheiten, als auf komische Charaktere ankommt. Aber meine Natur ist doch zu ernst gestimmt, und was keine Tiefe hat, kann mich nicht lange anziehen." Vielleicht ward die Idee, ein eignes Lustspiel zu schreiben, in Schiller durch den Beifall rege, mit welchem der "Parasit" bei der ersten Vorstellung im April 1803 aufgenommen ward.

Die Ankunft der russischen Großfürstin Maria Paulowna, jetzt regierende Großherzogin von Sachsen-Weimar, und ihre Vermählung mit dem damaligen Erbherzog Carl Friedrich feierte Schiller durch sein lyrisches Vorspiel: "Die Huldigung der Künste", in welchem sich seine Poesie in ihrem vollen Glanze und ihrer ganzen Eigentümlichkeit zeigte. Das genannte Stück ward den 12. November 1804 auf der Weimarischen Bühne vorgestellt. Den Gesichtspunkt, aus welchem Schiller in der letzten Periode seines Lebens sich selbst und seine Leistungen betrachtete, machte er in einem Briefe an Humboldt vom 2. April 1805 mit den Worten namhaft: "Noch hoffe ich in meinem poetischen Streben keinen Rückschritt gethan zu haben, einen Seitenschritt vielleicht, indem es mir begegnet seyn kann, den materiellen Forderungen der Welt und der Zeit etwas eingeräumt zu haben. Die Werke des dramatischen Dichters werden schneller, als alle andern, von dem Zeitstrom ergriffen; er kommt, selbst wider Willen, mit der großen Masse in eine vielseitige Berührung, bei der man nicht immer rein bleibt. Anfangs gefällt es, den Herrscher zu machen über die Gemüther; aber welchem Herrscher begegnet es nicht, daß er auch wieder der Diener seiner Diener wird, um seine Herrschaft zu behaupten; und so kann es leicht geschehen seyn, daß ich, indem ich die deutschen Bühnen mit dem Geräusch meiner Stücke erfüllte, auch von den deutschen Bühnen etwas angenommen habe."

In diesem Briefe legte Schiller auch das Geständniß ab, daß die speculative Philosophie ihn durch ihre hohlen Formeln verscheucht habe, und daß er auf diesem kahlen Gefilde keine lebendige Quelle und keine Nahrung für sich gefunden habe. "Aber", fügte er hinzu, "die tiefen Grundideen der Idealphilosophie bleiben ein ewiger Schatz, und schon allein um ihrentwillen muß man sich glücklich preisen, in dieser Zeit gelebt zu haben."

Bitter beklagte sich Schiller in den letzten Jahren seines Lebens über den Mangel an Produktivität und die unselige Nachahmungssucht der Deutschen, die nichts weiter herbeiführe, als ein ideales Wiederbringen und Verschlechtern des Urbildes. "Solche Nachahmungen", schrieb er, "hat auch mein Wallenstein und meine Braut von Messina vielfach hervorgebracht. Aber man ist auch nicht einen Schritt weiter gefördert." In einem Briefe vom 11. Februar 1803 meinte Schiller, es sei jetzt ein so kläglicher Zustand in der ganzen Poesie der Deutschen, daß alle Liebe und aller Glaube dazu gehöre, um noch an ein Weiterstreben zu denken, und auf eine bessere Zeit zu hoffen.

Was Schiller in der modernen Poesie vermißte, fand er in der ältern, vorzüglich in den Meisterwerken der Italiener. Anziehend war für ihn besonders Ariost's rasender Roland, und er wußte seinem Freunde Körner nicht genug zu schildern, welchen hohen Genuß ihm die wiederholte Lectüre jener Dichtung gewährt habe. Da sei Leben und Bewegung und Farbe und Fülle; man werde aus sich heraus in's volle Leben und wieder in sich selbst zurückgeführt. Zwar dürfe man hier keine Tiefe suchen und keinen Ernst. Aber wir brauchten, meinte Schiller, auch die Fläche so nöthig, als die Tiefe, und für den Ernst sorge die Vernunft und das Schicksal schon so hinreichend, daß die Phantasie sich nicht damit zu bemengen brauchte.

Zum Ernst mußte ihn schon die Ahnung eines kurzen Lebens stimmen, die sich ihm fortwährend aufdrang und ihn eigentlich nie ganz verließ. Der Kampf, den er in seiner Jugend mit dem Druck der Armuth und andern ungünstigen Verhältnissen bestanden, war kaum härter, als die Leiden, die in spätern Jahren seine von Natur schwache Gesundheit untergruben. Seine physische Kraft war gebrochen. Völlige Wiederherstellung seiner Gesundheit konnte Schiller bei seiner fortwährenden Geistesanstrengung und seinen Nachtwachen kaum erwarten. Eine Erleichtrung seines Zustandes hoffte er von dem Gebrauch der Seebäder. Schon einige Jahre früher war diese Idee, die er später wieder verwarf, in ihm rege geworden.

Am 18. Juni 1801 schrieb er: "Mein Entschluß ist ernstlich gefaßt, in etwa drei Wochen an die Ufer der Ostsee zu reisen, dort das Seebad zu versuchen, und dann über Berlin und Dresden zurückzugehen. — Ich muß neue Gegenstände sehen, muß einen entscheidenden Versuch hinsichtlich meiner Gesundheit machen. Den 10. October hoff' ich wieder zurück zu seyn, denn ich werde schnell reisen, und mich nur zwölf Tage in Dobberan, eben so lange in Berlin, und sechs Tage in Dresden verweilen."

Noch oft kehrte in ihm der Wunsch wieder, durch Reisen seine Gesundheit zu stärken, und zugleich seine Welt- und Menschenkenntniß zu vermehren. Gern hätte er besonders die Schweiz besucht, um die Heimath Tell's mit der in seinem Schauspiel entworfenen Schilderung vergleichen zu können. Die Ausführung jener mannigfachen Entwürfe ward schon oft in den nächsten Tagen wieder verdrängt durch den freudigen Eifer, mit dem sich Schiller der Ausarbeitung seiner Dichtungen widmete.

Den letzten Ausflug unternahm er im Frühling 1804, das Jahr vor seinem Tode. Er reiste nach Berlin, um der Vorstellung seines "Wilhelm Tell" beizuwohnen. Iffland, der jene Reise veranlaßt hatte, bot Alles auf, um ihm den höchsten dramatischen Genuß zu bereiten. Schiller ward in Berlin mit allgemeiner Achtung empfangen. Eine rege Theilnahme, selbst von Seiten des preußischen Hofes, kam ihm entgegen. Die Königin Luise äußerte den Wunsch, ihn an Berlin zu fesseln. Durch den Staatsminister v. Beyme ward ihm im Namen Friedrich Wilhelms III.

ein Jahrgehalt von 3000 Thalern nebst freiem Gebrauch einer Hofequipage zugesichert. Sein kränklicher Zustand und die Bedenklichkeit in neue Verhältnisse zu treten, mochten die Ursache seyn, weshalb Schiller dies glänzende Anerbieten ablehnte oder unbeachtet ließ. Eine gewisse Vorliebe für Weimar und die Anhänglichkeit an seinen Fürsten trug dazu bei, ihn von jenem Schritt abzuhalten. Er fühlte sich dem Herzog von Weimar verpflichtet, der seinen Gehalt erhöht und ihm außerdem mehrere Beweise seiner Huld gegeben hatte, unter anderen, als er 1802 aus eigner Bewegung ihm den Adelsbrief auswirkte.

"Daß ich," schrieb Schiller den 2. April 1805 aus Weimar an Wilhelm v. Humboldt, "Anträge gehabt, mich in Berlin zu fixiren, wissen Sie, und auch, daß mich der Herzog von Weimar in die Umstände gesetzt hat, mit Aisance hier zu bleiben. Da ich nun auch für meine dramatischen Schriften mit Cotta und mit den Theatern gute Accorde gemacht, so bin ich in den Stand gesetzt, etwas für meine Kinder zu erwerben, und ich darf hoffen, wenn ich nur bis in mein funfzigstes Jahr so fortführe, ihnen die nöthige Unabhängigkeit zu verschaffen. Sie sehen, daß ich Sie ordentlich wie ein Hausvater unterhalte. Aber ein solches Häuslein von Kindern, als ich um mich habe, kann einen wohl zum Nachdenken bringen. Uebrigens lebe ich hier in sehr angenehmen Verhältnissen, und noch keinen Augenblick habe ich es bereut, daß ich Weimar dem Aufenthalt in Berlin vorgezogen habe. Wäre ich ein ganz unabhängiger Mensch, so würde ich dem Süden um einige Grade näher rücken."

Eine Erkältung, die er sich während seines Aufenthalts in Jena bei einer Spazierfahrt durch das Dornburger Thal zugezogen, hatte für Schiller die heftigsten Unterleibsschmerzen zur Folge. Seinen nächsten Umgebungen, wie ihm selbst, schien sein Zustand bedenklich. Erst langsam genas er wieder. Den 3. August 1804 schrieb er an Goethe: "Ich habe einen harten Anfall ausgestanden, und es hätte leicht schlimm werden können. Alles geht nun wieder besser, wenn mich nur die unerträgliche Hitze zu Kräften kommen ließe. Eine plötzliche große Nervenschwächung in einer solchen Jahreszeit ist in der That fast ertödtend, und ich spüre seit den acht Tagen, wo mein Uebel sich gelegt, kaum einen Zuwachs von Kräften, obgleich der Kopf ziemlich hell und der Appetit wieder ganz hergestellt ist."

Seit jenem Krankheitsanfall hatte sich Schiller in seinem Aeußern sichtbar verändert. Seine bleiche Gesichtsfarbe fiel in's Graue. Das Gefühl physischer Schwäche verließ ihn nicht wieder, und gesteigert ward es noch durch einen Fieberanfall im Februar 1805. Seinen Zustand schilderte er in einem Briefe an Goethe. Er schrieb: "Die zwei harten Stöße, die ich nun in einem Zeitraum von sieben Monaten auszustehen gehabt, haben mich bis auf die Wurzeln erschüttert, und ich werde Mühe haben, mich zu erholen. Mein jetziger Anfall scheint zwar nur die allgemeine epidemische Ursache gehabt zu haben, aber das Fieber war so stark, und hat mich in einem schon so geschwächten Zustande überfallen, daß mir eben so zu Muthe ist, als wenn ich aus der schwersten Krankheit erstände; und besonders habe ich Mühe, eine gewisse Muthlosigkeit zu bekämpfen, die das schlimmste Uebel in meinen Umständen ist."

Trost gewährte ihm eine ruhige Ergebung in sein Schicksal. In einem zufälligen Gespräche über den Tod meinte Schiller: "der Tod könne doch kein Uebel seyn, weil er etwas Allgemeines sei." Am 1. Mai 1805 überfiel ihn ein Katarrhalfieber, das jedoch wenig Besorgnisse erregte, da er sich nicht unwohler fühlte, als bei frühern Zufällen ähnlicher Art. Es war seine letzte Krankheit. Er nahm lebhaften Antheil an dem Gespräch einiger Freunde, die ihn besuchten. Unter ihnen befand sich auch sein Verleger, der Buchhändler Cotta, der auf seiner Reise nach Leipzig durch Weimar gekommen war. Selbst mitzusprechen ward Schiller durch einen oft und sehr heftig wiederkehrenden Husten verhindert.

Mit seltener Aufopferung brachte Heinrich Voß, der Sohn des Dichters, mehrere Nächte an Schiller's Krankenlager zu. Schiller's Standhaftigkeit im Leiden, wie die Sanftmuth und Milde seines Charakters zeigte sich damals im schönsten Lichte. In einem Briefe an Goethe äußerte Schiller: "Der sei am besten dran, der durch die Noth gezwungen, sich mit dem Krankseyn nach und nach habe vertragen lernen."

Voß erzählte in späterer Zeit, wie ihm Schiller einst, als er bei ihm wachte, bewußtlos in die Arme gesunken sei. Aus Schonung für seine Frau, die aus Besorgnis um ihn sein Zimmer nicht verlassen wollen, hatte Schiller eine ihm nahende Ohnmacht gewaltsam unterdrückt. "Bin ich denn wirklich so matt?" sagte er einst traurig, als beim Auf- und Abgehen im Zimmer der teilnehmende Freund ihm unter die Arme griff, um ihn zu stützen. Nur seiner Kinder wegen, äußerte Schiller im Gefühl zunehmender Schwäche, wünsche er zu leben.

Von der ihm drohenden Gefahr schien er keine Ahnung zu haben. Bis zum sechsten Mai blieb ihm völliges Bewußtseyn. Er äußerte, er habe über seine Krankheit nachgedacht, und Mittel entdeckt, die ihm wieder zu seiner völligen Genesung verhelfen würden. In leidensfreien Stunden beschäftigten ihn mehrfache poetische Entwürfe. Er arbeitete mitunter fleißig an seinem Trauerspiel "Demetrius," von welchem er einzelne Scenen niederschrieb. Daß die Arbeit so langsam fortrücke, beklagte er oft. Den Monolog der "Marsa" fand man nach Schiller's Tode auf seinem Schreibtische. Es waren vielleicht die letzten Zeilen, die er geschrieben.

Aus den Contes de Tressan einem Buche, das er sehr liebte, ließ er sich mitunter vorlesen. Wiederholt äußerte er ein Verlangen nach Mährchen und Rittergeschichten. Darin läge, meinte er, der Stoff zu allem Schönen und Großen. Lebhafter, als seinem sehr geschwächten Körper zuträglich seyn konnte, äußerte er sich über mancherlei dramatische Pläne. Seine Umgebungen suchten ihn ruhig zu erhalten. Halb unwillig äußerte er: "Nun, wenn mich Niemand versteht, und ich mich selbst nicht verstehe, so will ich lieber schweigen."

Im Schlafe phantasirte Schiller oft. Sein bei ihm wachender Diener erzählte, daß er viel gesprochen und einzelne Scenen aus dem "Demetrius" recitirt habe. Einigemal habe ich an Gott das rührende Flehen gerichtet, ihn vor einem langen Krankenlager und allmäligen Hinsterben zu bewahren. Noch ehe mit dem neunten Mai völlige Bewußtlosigkeit eintrat, schien er die in seiner Nähe befindlichen Personen wenig oder gar nicht zu beachten. Selten verlangte er, seine Kinder zu sehen; doch freute er sich herzlich, als ihm seine jüngste Tochter gebracht ward. Seine Brustbeklemmungen vermehrten sich, der Athem fing an zu stocken, und ein Nervenschlag endete am neunten Mai 1805 sein Leben im sechs und vierzigsten Jahre.

Seine Züge waren so ruhig, wie die eines sanft Schlafenden. Bei seinem Tode war, außer seinem Arzt, dem Dr. Herder, einem Sohn des Dichters, Niemand zugegen, als seine Gattin und deren Schwester Karoline v. Wolzogen. Bei der Section zeigte sich, daß der linke Lungenflügel Schiller's gänzlich zerstört war. Seine Schwägerin erinnerte sich, daß er wenige Wochen vor seiner Krankheit, als er zum Letztenmal im Theater war, geäußert hatte: sein Zustand sei höchst seltsam; in der linken Seite, wo er seit mehreren Jahren Schmerz gefühlt, fühle er jetzt gar nichts mehr. Nach der Behauptung seines Arztes würde Schiller, auch wenn er wieder genesen wäre, der Beschaffenheit seiner Lunge nach, kaum noch ein halbes Jahr sein Leben haben fristen können.

Eine allgemeine Trauer herrschte in Weimar bei Schiller's Tode. Schmerzlich fühlten besonders die Mitglieder der dortigen Bühne den Verlust eines Mannes, der durch Rath und Belehrung ihr Talent mannigfach gefördert hatte. Immer hatten sie mit ihm in freundlichen Verhältnissen gestanden. Sein Andenken ehrten sie durch die Weigerung, an dem Tage, wo er gestorben, die Bühne zu betreten. Das Theater blieb eine Zeitlang geschlossen, und ward erst wieder durch eine von einer Todtenfeier begleitete Vorstellung der "Jungfrau von Orleans" eröffnet.

Goethe, damals selbst lebensgefährlich krank, schrieb bald nach Schillers Tode: "Ich dachte mich selbst zu verlieren, und verliere einen Freund, und in demselben die Hälfte meines Daseyns." Goethe's Nachruf an Schillers Grabe enthielt, in reiner Anerkennung seines Werths, die charakteristischen Worte: "Wir dürfen ihn glücklich preisen, daß er von dem Gipfel des menschlichen Daseyns zu den Seligen emporgestiegen, daß ein schneller Schmerz ihn von den Lebendigen hinweggenommen. Die Gebrechen des Alters, die Abnahme der Geisteskräfte hat er nicht empfunden. Er hat als ein Mann gelebt, und ist als ein vollständiger Mann von hinnen gegangen. Nun genießt er im Andenken der Nachwelt den Vortheil, als ein ewig Tüchtiger und Kräftiger zu erscheinen. Denn in der Gestalt, wie der Mensch die Erde verläßt, wandelt er unter den Schatten, und so bleibt uns Achill als ein ewig strebender Jüngling gegenwärtig. Von seinem Grabe stärkt uns der Anhauch seiner Kraft, und erregt in uns den lebhaftesten Drang, das, was er begonnen, mit Liebe fort- und immer fortzusetzen. So wird er seinem Volke und der Menschheit, in dem, was er gewirkt und gewollt, stets leben."

In rührender Weise zeigte sich die Verehrung für Schiller bei seiner Beerdigung in der Nacht vom eilften zum zwölften May. Zu den jungen Gelehrten und Künstlern, die sich's zur Ehre schätzten, den gewöhnlichen Trägern Schillers Sarg abzunehmen, gehörten H. Voß, St. Schütze, J. Jagemann, J. Klauer u. A. In dem Trauerzuge, der den Dichter zu seiner Ruhestätte geleitete, befand sich auch sein Jugendfreund Wilhelm v. Wolzogen, der auf die Nachricht von Schillers Tode aus Naumburg herbeigeeilt war. Das Landschaftscassengewölbe empfing Schiller's irdische Ueberreste. Dort ruhten sie bis zum Jahr 1826 wo sie mit dem von den Gebeinen getrennten

Schädel, der auf der Großherzoglichen Bibliothek zu Weimar in dem Postament der Dannecker'schen Marmorbüste Schiller's aufbewahrt worden war, wieder vereinigt wurden, und in der fürstlichen Gruft auf dem Kirchhofe zu Weimar eine würdige Stelle fanden.

Ueber Schiller's Beerdigung ertheilte eine im Mai 1805 gedruckte Zeitungsnachricht nähere Auskunft in den Worten: "Es war zwischen zwölf und ein Uhr, als man sich dem Gottesacker nahte. Der rings umwölkte Himmel drohte Regen. Als aber der Sarg vor der Gruft niedergesetzt ward, theilten sich die Wolken, und der Mond warf seine ersten Strahlen auf den Sarg. Man senkte ihn in die Gruft. Der Mond trat wieder hinter die Wolken. Heftig brausend erhob sich ein Sturm, der die Anwesenden gleichsam an den großen, unersetzlichen Verlust mahnte."

Von dem als Herausgeber des allgemeinen Reichsanzeigers bekannten Schriftsteller Becker in Gotha ging der Vorschlag aus, auf allen bedeutenden Bühnen Deutschlands Todtenfeiern für den Dichter zu veranstalten, und den Gesammtertrag zum Ankauf eines Landguts zu verwenden, das unter dem Namen "Schillers Ehre" ein unveräußerliches Eigenthum seiner Familie bleiben sollte. Die politischen Ereignisse und die bald nach Schillers Tode ausbrechenden Kriegsunruhen verhinderten die Ausführung dieses Plans. Schillers Jugendfreund, der Bildhauer Dannecker in Stuttgart, verewigte sein Andenken durch eine colossale Marmorbüste. Eine früher verfertigte Büste in Lebensgröße, wozu Schiller während seines letzten Aufenthalts in Schwaben (1793) gesessen, legte der Künstler jenem Meisterwerk zu Grunde, und er beschloß es mit Anstrengung aller seiner Kräfte auszuführen, als er die Nachricht von dem Tode seines Freundes erhielt. Als Schillers Wittwe Danneckers Atelier besuchte, saß sie lange schweigend vor dem Bilde des ihr vor allen theuern Mannes, und sagte dann mit tiefer Rührung zu ihren Kindern: "Küßt dem Manne die Hand, der Euern Vater so fortleben läßt."

Unter den von Schiller vorhandenen Bildnissen hatte vorzüglich ein Oelgemälde von Madame Simanowitz das Verdienst sprechender Aehnlichkeit. Als Schiller Jena verließ, schenkte er dieß Bild seiner Freundin, der Kirchenräthin Griesbach. Späterhin kam es in den Besitz seines zweiten Sohnes Ernst, der als Apellationsrath in Cöln 1841 starb. Schillers ältester Sohn Karl, lebt als Königl. Württembergischer Oberförster in Rottweil. Der Dichter hinterließ außerdem zwei Töchter, von denen die ältere, Caroline, an den Bergrath Junot in Rudolstadt verheirathet, 1850 gestorben, die jüngere, Emilie, aber als Gattin des Barons von Gleichen- Rußwurm auf dessen Gute Bonnland in Baiern lebt. Bereits 1826 war Schillers Gattin in Bonn gestorben, wohin sie gereist war, um von einem mit Blindheit sie bedrohenden Augenübel geheilt zu werden.

Eine öffentliche Anerkennung seiner Verdienste ward dem Dichter durch ein von Thorwaldsens Meisterhand gefertigtes Standbild in colossaler Größe, das ihm in Stuttgart errichtet und dort am 2. May 1839 feierlich enthüllt warb. In Weimar beabsichtigt man, ihm mit Goethe und Wieland ein gemeinschaftliches Denkmal zu errichten. Sein dortiges Haus an der Esplanade ward bereits vor einigen Jahren von dem Stadtrath zu Weimar angekauft und mit manchen werthvollen Reliquien des Dichters ausgestattet, dem Besuch von Einheimischen und Fremden geöffnet.

Treffend hat Schiller in seiner Abhandlung über naive und sentimentale Dichtung sich selbst gezeichnet in den Worten: "Den kindlichen Charakter, den das Genie in seinen Werken abdruckt, zeigt es auch in seinem Privatleben und in seinen Sitten. Es ist schamhaft, weil die Natur dieses immer ist; aber es ist nicht decent, weil nur die Verderbniß decent ist. Es ist verständig, denn die Natur kann nie das Gegentheil seyn; aber es ist nicht listig, denn das kann nur die Kunst seyn. Es ist seinem Charakter und seinen Neigungen treu, aber nicht sowohl, weil es Grundsätze hat, als weil die Natur bei allem Schwanken immer wieder in die vorige Stelle rückt, immer das alte Bedürfniß zurückbringt. Es ist bescheiden, ja blöde, weil das Genie immer sich selbst ein Geheimniß bleibt; aber es ist nicht ängstlich, weil es die Gefahren des Weges nicht kennt, den es wandelt. Wir wissen wenig von dem Privatleben der größten Genies, aber auch das Wenige, was uns aufbewahrt worden, bestätigt diese Behauptung."